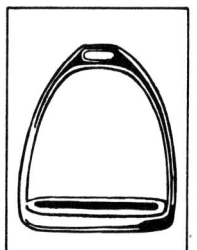

Reiner Klimke

Ahlerich

Von der Remonte zum Dressur-Weltmeister

Ein exemplarischer Ausbildungsweg

Franckh'sche Verlagshandlung
Stuttgart

22 Farb- und 43 Schwarzweißfotos von Czerny (15), Delcourt (1), Ernst (21), Studio Haberbeck (1), Redaktionsbüro Heck (4), Hitzemann (1), Lemke (4), Müller (1), Prütting (2), Scuitto (2) und aus dem Archiv des Autors und des Westfälischen Pferdestammbuchs (13) und 1 Zeichnung aus dem Archiv

Umschlaggestaltung von Siegfried Fischer unter Verwendung eines Fotos von Werner Ernst

Frontispiz: Die Krönung eines exemplarischen Ausbildungsweges – Ahlerich ist Weltmeister

Doppelseitiges Foto auf dem Vorsatz: Auf dem Weg zum Grand Prix – Ahlerichs erste Passagetritte

CIP-Kurztitelaufnahme der Deutschen Bibliothek

Klimke, Reiner:
Ahlerich – Von der Remonte zum Dressur-Weltmeister :
e. exemplar. Ausbildungsweg / Reiner Klimke. –
Stuttgart : Franckh, 1984
ISBN 3-440-05427-6

Franckh'sche Verlagshandlung, W. Keller & Co., Stuttgart / 1984
Printed in Germany / Imprimé en Allemagne / L 9sp Hrr /
ISBN 3-440-05427-6
Gesamtherstellung: Brönner & Daentler KG, Eichstätt

Ahlerich
Von der Remonte zum Dressur-Weltmeister

Einleitung

Die Ausbildung eines Dressurpferdes bis zur Grand Prix-Reife ist schwierig und erfordert langjährige, geduldige Arbeit. Der Weg ist durch die Grundsätze der klassischen Reitkunst vorgegeben. Wir wissen aber, daß trotz Beachtung dieser Grundsätze nicht jedes Reitpferd bis zur Grand Prix-Reife gefördert werden kann. Das hängt nämlich nicht nur von dem Ausbilder, sondern auch von dem Talent des Pferdes ab. Der Trainer muß die Materie beherrschen, und das Pferd muß aufgrund seines Gebäudes, seines Gangwerkes und seiner inneren Eigenschaften die Veranlagung mitbringen, die erforderlich ist, um jenen Reifegrad zu erreichen, in dem die Dressurreiterei zur Kunst wird: im Grand Prix de Dressage.

Es kommt eine weitere Schwierigkeit hinzu. Nicht nur der Ausbilder muß qualifiziert und das Pferd talentiert sein, Reiter und Pferd müssen auch zusammenpassen. Die Harmonie zwischen Reiter und Pferd hängt entscheidend von dem Einfühlungsvermögen des Reiters und der Psyche des Pferdes ab. Dem einen Ausbilder liegen z. B. Pferde mit viel Temperament weniger als solche, die erst aufgeweckt werden müssen, und umgekehrt. Es gibt immer wieder Beispiele dafür, daß ein erfahrener Ausbilder mit einem bestimmten Pferd nicht weiterkommt und ein anderer dieses Pferd dann doch zum Erfolg bringt.

Über die Theorie der Dressurausbildung ist viel geschrieben worden. Die Grundsätze stehen fest. Sie sind national in der LPO sowie international im Dressurreglement der FEI für alle, die an Dressurprüfungen teilnehmen möchten, gültig festgelegt. Und doch entwickelt sich die Dressur weiter fort, und zwar so, wie die Pferdezucht dies vorgibt. Wenn ich an die Pferde zurückdenke, die uns vor etwa 30 Jahren zur Verfügung standen, und diese mit den Spitzenpferden vergleiche, die uns heute angeboten werden, so hat eine Entwicklung stattgefunden, die damals kaum jemand vorausgesagt hätte.

Mit den talentierten Pferden der heutigen Zeit läßt sich nach meiner Überzeugung ein Reifegrad erreichen, der der Vollendung nahekommt. Es mag sein, daß die Ausbilder nicht besser geworden sind, weil es keine Kavallerieschulen mehr gibt, die früher ganze Generationen an Reitern und Ausbildern hervorgebracht haben. Aber unbestritten haben wir heute mehr Pferde, die sich für die Ausbildung bis zur Grand Prix-Reife eignen, als früher.

Eines der Paradebeispiele unserer heutigen Reitpferdezucht in der Bundesrepublik ist Ahlerich. Er ist nicht nur aufgrund der inzwischen errungenen Erfolge zu einem Aushängeschild der westfälischen Reitpferdezucht geworden. Vielmehr ist es seine Persönlichkeit, die ihn berühmt gemacht hat. Seine Ausstrahlungskraft hat die Zuschauer häufig genug fasziniert, seine Eigenwilligkeit nicht nur mir manches Rätsel aufgegeben. Die Arbeit mit Ahlerich ist nie langweilig. Für den Zuschauer ist sein Auftritt oft mit einem gewissen Nervenkitzel verbunden.

Viele Freunde haben mich angesprochen, Ahlerichs Ausbildungsweg bis zum Grand Prix-Pferd niederzuschreiben. Ich habe erst gezögert, weil Ahlerich noch mitten im Sport steht. Aber das geschriebene Wort lebt mehr, wenn der Leser das beschriebene Ergebnis der Ausbildungsarbeit im Wettkampf auf Turnieren selbst sehen und beobachten kann. Deshalb habe ich mich entschlossen, jetzt aus frischer Erinnerung den bisherigen Lebensweg von Ahlerich zu schildern. Ich tue dies in dankbarer Hochachtung vor einer Pferdepersönlichkeit, die mir neben sportlichem Erfolg unendlich viel Lebensfreude beschert hat.

Ahlerich – der Star der Westfalenauktion 1975

Aufregend wie sein späterer Ausbildungsweg war die Geschichte, wie Ahlerich vierjährig in unseren Turnierstall kam. Ich hatte bis 1975 meine größten Erfolge im Turniersport auf Pferden errungen, die nicht in Westfalen gezüchtet wurden. Dux, mein Olympiapferd von 1964 und 1968, war ebenso Hannoveraner wie Mehmed, mein Weltmeisterschaftspferd von 1974. Das gefiel der Zuchtleitung des Westfälischen Pferdestammbuches nicht sonderlich, und man war darum bemüht, im Dressurstall Klimke endlich ein erstklassiges Zuchtprodukt aus Westfalen unterzubringen.

An sich suchte ich kein weiteres Pferd. Mehmed war noch auf dem Höhepunkt seiner Leistungsfähigkeit. Daneben standen 4 weitere S-Dressurpferde im Stall. Beruflich war ich so stark beansprucht, daß ich im Jahre 1975 sportlich kürzer treten mußte und mich gerade entschlossen hatte, den 1973 mit Mehmed gewonnenen Titel als Europameister der Dressurreiter in Kiew 1975 nicht zu verteidigen. Aber aus Höflichkeit fuhr ich dann doch zum Landgestüt nach Warendorf, wo die Auktionspferde auf die Auktion vorbereitet wurden. Der Geschäftsführer des Westfälischen Pferdestammbuches, Dr. Ferdinand Dohmen, hatte zum Probereiten für mich verschiedene Pferde ausgesucht, darunter den 4jährigen braunen Wallach Ahlerich von dem Vollblüter Angelo. Ich sah Ahlerich zum ersten Mal. Er war groß und schmal. Sein Gesicht verriet Intelligenz; aber so im Stall traute ich mir kein Urteil zu.

In der kleinen Reitbahn des Landgestüts ritt ich der Reihe nach die von Dr. Dohmen ausgewählten Pferde. Als dritter kam Ahlerich. Gesattelt sah er besser aus als im Stall, wo der Rücken etwas lang erschien. Ich begann vorsichtig mit Trabarbeit und spürte sofort die feinfühligen Reaktionen des jungen Pferdes. Dann galoppierte ich kurz auf beiden Händen. Das Gefühl war noch besser. Ich hatte selten auf einem Pferd gesessen, das den Reiter im Galopp so gut mitnahm. Dr. Dohmen bemerkte meine Begeisterung und hatte Verständnis dafür, daß ich kein anderes Pferd mehr probieren wollte. Ich sagte ihm: »Dies Pferd oder keines.«

Anschließend berieten wir darüber, wie man Ahlerich am besten ersteigern könne. Ich wollte mich vorher in Warendorf nicht mehr sehen lassen, um mein Interesse an dem Pferd nicht bekanntwerden zu lassen. Dr. Dohmen sagte mir die finanzielle Unterstützung des Westfälischen Pferdestammbuches zu. Der Betrag, den ich selbst beisteuern müßte, wurde abgesprochen. Und wir kamen zu dem Ergebnis, daß wir bis DM 30 000,– steigern sollten. Für die Westfalenauktion war dies damals ein stolzer Preis.

Es vergingen dann ungefähr 14 Tage, bis ich Ahlerich auf der Auktion wiedersah. Beim Freispringen fiel er durch großes Springvermögen auf. Doch anschließend bei der Abschiedsparade unter dem Reiter, vor Beginn der Auktion, war ich enttäuscht. Ahlerich war müde. Er zeigte kaum Trab, und von dem traumhaften Galopp war nichts mehr zu sehen.

Ich wurde unsicher. Sollte ich mich vor zwei Wochen in Warendorf so verguckt haben? – Nach dem Mittagessen begann die Auktion. Ahlerich trug die Nr. 38. Er ging wiederum lustlos und ohne Glanz. Trotzdem war das Gebot rasch auf DM 30 000,–, allerdings von der Konkurrenz. Dr. Dohmen nickte mir zu und erhöhte bis auf DM 35 000,–. Ich schüttelte den Kopf, stand auf und verließ die Halle.

In meiner Abwesenheit nahm Dr. Dohmen Kontakt mit dem auf der Ehrentribüne

Abb. 1. Der 4jährige Ahlerich drei Wochen vor der Westfalenauktion 1975.

		Macherino xx	von Ortello xx
	Oliveri xx		
		Fior d'Orchidea xx	von Apelle xx
Angelo xx			
		Neckar xx	von Ticino xx
	Antibes xx		
		Alwara xx	von Oleander xx
Ahlerich, Wallach, geb. 20. 5. 1971			
Größe 1,77/1,67, braun			
		Dolman	von Detektiv
	Donar		
		Faibita	von Faisal
Dodona lt. 14844			
		Meldeschein	von Menelik
	Mieze		
		Sonja	von Sonnentau

Abb. 2. Ahlerich beim Freispringen am Auktionstag in der Halle Münsterland.

sitzenden Bauernpräsidenten Constantin Freiherr von Heereman-Zuydtwyck auf. Diesen hatte er vorher in unseren Plan eingeweiht. Freiherr von Heereman sah mich hinausgehen und verstand das nicht. Wie er mir nachher erzählte, gab er Dr. Dohmen Zeichen zum Weiterbieten, bis bei DM 42 000,– der Hammer fiel.

Ahlerich wurde Spitzenpferd der Westfalenauktion. Die Differenz steuerte Freiherr von Heereman bei, und am Abend brachte man mir das Pferd in den Stall. Voller Zweifel und Sorgen über die Verantwortung, die ich übernommen hatte, grübelte ich bis spät in die Nacht. Ich konnte kaum einschlafen. Immer wieder ging es mir durch den Kopf: Hatte ich mich in Warendorf verguckt, oder war die schwache Vorstellung von Ahlerich auf der Auktion nur der Ausdruck seiner Müdigkeit?

Am Sonntag morgen ging ich nach dem Frühstück sofort in den Stall. Nun hatte ich Ahlerich. Nun gab es – zumindest nach außen hin – keine Zweifel mehr. Ahlerich war Spitzenpferd der Auktion. Jeder lobte ihn über den Klee. Also stimmte ich in den Chor der Jubler mit ein.

Ahlerich schaute mich musternd an, als ich zu ihm in die Boxe trat. Er war tatsächlich schlapp und gestreßt von den letzten Tagen vor der Auktion. Denn so ruhig wie jetzt war er beim Ausprobieren in Warendorf nicht gewesen. Ich nahm ihn deshalb auch nur an der Hand heraus und ritt ihn an den nächsten Tagen ganz wenig und möglichst zu Zeiten, wo niemand anwesend war. Dabei vertiefte sich unser Kontakt. Ahlerich war dankbar für die vorsichtige Behandlung. Er suchte jemanden, der ihm vertraute und sich mit ihm beschäftigte; denn er fraß kaum und fühlte sich in der neuen Umgebung offensichtlich fremd.

Diesem Problem widmete sich ab sofort seine neue ständige Pflegerin Claudia Rosner, die Ahlerich seit seinem ersten Tag in unserem Stall bis heute betreut. Obwohl anfangs Mehmed ihr Liebling war, ist sie es gewesen, die durch ihre ruhige, tierliebe Behandlung aus dem schmalen, freßunlustigen Ahlerich einen wohlproportionierten Athleten gemacht hat.

Das erste Ausbildungsjahr 1975

Im Mai, als die Sonne hochkam, begann die planmäßige Ausbildung des jungen Ahlerich in unserer Reitanlage im Reiterverein St. Georg Münster. Ahlerich war reell angeritten, hatte im Herbst 1974 auf dem Turnier der Sieger in Münster unter Konrad Hambrügge die Materialprüfung für 3jährige Pferde gewonnen und den Winter über bis zur Auktion im Frühjahr weiter gelernt, was ein junges Pferd in diesem Ausbildungsstadium können muß. Er bewegte sich im Gleichgewicht in allen drei Grundgangarten, nahm das Gebiß einwandfrei an und befolgte willig die Reiterhilfen zum Angaloppieren und Durchparieren. Kräftige Hilfen durfte man ihm nicht geben. Das hatte ich schon beim Ausprobieren vor der Auktion in Warendorf bemerkt. Ahlerich erwartete von seinem Reiter, daß dieser sich nicht schwer machte und geschmeidig in die Bewegungen des Pferdes einging. Wenn man Ahlerich ohne Sattel betrachtete, fand man sofort den Grund dafür: Der Rücken war weich und ein bißchen lang. Dazu war das ganze Pferd groß, ziemlich schmal und wenig bemuskelt. Er wirkte wie ein schlaksiger Junge. Sein Gesichtsausdruck verriet Intelligenz und jene Selbstverständlichkeit, die ansonsten den guten Vollblüter auszeichnet.

Mit dieser Bestandsaufnahme machten meine Frau und ich einen Plan für die Sommerausbildung. Am liebsten hätten wir Ahlerich für zwei bis drei Monate auf die Weide gegeben. Aber dazu hatten wir keine Gelegenheit. Und wir waren besorgt, daß ihm dort etwas zustoßen könnte. Also blieb er bei uns im Stall.

Lösende Arbeit in wechselnder Umgebung

In der ersten Woche ritt ich Ahlerich fast ausschließlich selbst. Ich wollte mich vergewissern, ob ich ihn bedenkenlos meiner Frau anvertrauen konnte, und ging dazu viel nach draußen auf die Galoppierbahn und die offenen Reitplätze. Es passierte nichts Unangenehmes. Ahlerich sah zwar alles und reagierte auf jede Kleinigkeit in der Umgebung, seien es Fußgänger oder Radfahrer in der Ferne. Er befolgte aber weiterhin die Reiterhilfen, so daß man keine Angst zu haben brauchte.

Später änderte sich dies. Je stärker und kräftiger Ahlerich im Laufe der Ausbildung wurde, desto unangenehmer konnte er je nach seiner Stimmungslage den Reiter versetzen. Es gab Tage, da suchte Ahlerich förmlich nach einem Grund, um sich aufzuspielen und die Hilfen des Reiters zu ignorieren. Ich werde darüber an anderer Stelle noch weiter berichten.

In diesem Zusammenhang spreche ich das nur an, um daran zu erinnern, daß Pferde häufig ihr ganzes Temperament erst entwickeln, wenn sie stark und kräftig geworden sind. Der Ausbilder ist gut beraten, wenn er gerade bei einem 4jährigen Blutpferd darauf verzichtet, es durch zu langes Reiten ungewollt in eine hohe Kondition zu bringen. Die Probleme, die dann auf ihn zukommen können, lassen sich besser meistern, wenn das Pferd über eine Zeit von mehreren Monaten durch nicht zu lange Reprisen gelernt hat, gehorsam und sicher an den Hilfen zu stehen. Wir wissen, wie viele schlummernde Remonten auf einmal wach und unangenehm temperamentvoll werden können, wenn – wie es die Fachleute ausdrücken – der Hafer durchkommt. Es zahlt sich meistens nicht aus, ein junges Pferd am Anfang der Ausbildung durch zu starkes Füttern von Kraftfutter verbunden mit stundenlangem Reiten schnell L- oder M-fertig machen zu wollen. Abgesehen von den dadurch heraufbeschworenen gesundheitlichen Gefahren für die Sehnen und Gelenke greift dies das Nervenkostüm des jungen Pferdes in einer Art und Weise an, die schon manches hochtalentierte Pferd ruiniert und für den Einsatz in Dressurprüfungen unbrauchbar gemacht hat.

Ich spreche dabei, wie gesagt, insbesondere von dem Beispiel eines Blutpferdes wie Ahlerich. Weniger empfindliche Pferde brauchen mitunter gerade im Alter von vier bis fünf Jahren besondere Konditionsarbeit, um gehfreudig zu werden und sich nicht immer durch kräftige Reiterhilfen antreiben zu lassen. Insofern verläuft der Ausbildungsweg des Dressurpferdes je nach seinem Temperament verschieden. Bei dem am Anfang weniger gehlustigen Pferd sind die Schwerpunkte anders zu setzen als bei dem fleißigen Pferd.

Ahlerich gehörte von Anfang an zu den fleißigen, recht empfindsamen Pferden. Man konnte ihn mit dem geringsten Kraftaufwand reiten. Dieses Selbstgehen wollten wir unbedingt erhalten und weiter fortentwickeln. Deswegen waren meine Frau und ich uns einig, Ahlerich in einfachen Übungen möglichst viel selbständig arbeiten zu lassen, wenig Reiterhilfen zu geben und sich eher entlastend als belastend in den Sattel zu setzen. Nachdem ich festgestellt hatte, wie problemlos Ahlerich drinnen wie draußen zu reiten war, überließ ich ihn die nächsten 6 Wochen ganz meiner Frau. Ich hatte einfach keine Zeit, um mich ausreichend mit ihm zu beschäftigen. Abends erkundigte ich mich nach dem Befinden und fragte natürlich auch nach Fortschritten.

Diese ließen aber auf sich warten. Im Stall wurde Ahlerich zunehmend freundlicher, was ihm bei seiner Pflegerin Claudia Rosner bald den Kosenamen »Ali« einbrachte. Nur zum Fressen mußte Ali regelrecht überredet werden. Beim Reiten blieb er angenehm, schürte aber die Zweifel, ob sich Schritt und Trab wohl für höhere Anforderungen genügend entwickeln lassen würden. Lediglich der Galopp hatte bald wieder den Schmelz aus der Zeit vor der Auktion.

Wir beschlossen, die Trabarbeit noch nicht zu forcieren, sondern es beim Arbeitstempo zu belassen. Forderte man mehr, kam Ahlerich ins Laufen. Er gebrauchte seine Schultern zu wenig. War es der »schwache« Rücken, der den Schwung aus der sehr aktiven Hinterhand nicht genügend nach vorn weiterleitete? – Um dieser Frage nachzugehen, bauten wir vorsichtige Cavalettiarbeit in das weitere Programm mit ein. Meine Frau ritt zwei- bis dreimal in der Woche jeweils einige Minuten zum Lösen und beim Trockenreiten im Schritt über Cavalettis. Ahlerich machte dies offensichtlich gern. Man brauchte ihn nur dort hinzulenken, wo die Cavalettis standen, und schon ging er mit gespitzten Ohren auf sie zu.

Nur ganz selten haben meine Frau und ich erlebt, daß Ahlerich ein Cavaletti anstieß. Er war sehr vorsichtig und berührte auch beim Freispringen die Stangen nicht. Ich bin fest davon überzeugt, daß er bei entsprechender Spezialausbildung ein erfolgreiches Springpferd für den großen Sport hätte werden können.

Ich selbst sah oder ritt Ahlerich immer nur an den Wochenenden. Dabei fiel mir auf, daß der Schritt nach etwa drei bis vier Wochen schon ganz anders aus der Schulter herauskam. Die Cavalettiarbeit und das häufige »lang und tief« reiten im Trab auf der Galoppierbahn zeigten erste Erfolge. Auf viel Galoppierarbeit verzichteten wir weiterhin. Ahlerich sollte seine Kräfte schonen. Seine Kondition sollte nicht unnötig erhöht werden. Vielmehr wollten wir abwarten, bis er mit wachsender Freßlust mehr Fleisch ansetzte und dadurch mehr Pferd wurde. Das sollte allerdings noch lange dauern.

Der Reinfall beim ersten Turnierstart

Im Juni 1975 bot sich als erster Turnierstart für Ahlerich und mich das Turnier vom 20.–22. 6. in Niederzeuzheim/Hessen an. Es war dort für 4jährige Pferde eine Materialprüfung und eine Eignungsprüfung ausgeschrieben. Da wir mit den übrigen Pferden unseres Stalles das Turnier besuchten, entschieden wir uns, Ahlerich mitzunehmen, um in der Materialprüfung eine Beurteilung zu erhalten und sein Verhalten auf dem Turnierplatz zu testen.

Beim Transport und im Stall gab es keine Probleme, ebensowenig auf dem Abreiteplatz in der Gesellschaft mit den vielen fremden Pferden. In der Materialprüfung waren fast nur Pferde aus der hessischen Zucht am Start. Aus dem gleichen Land kamen die Richter. Beim Vorstellen des Pferdes an der Hand ohne Sattel schauten die Richter erst das Pferd und dann mich prüfend an, als wollten sie sagen:»Was will er denn mit dem für den großen Sport?« Die Gebäudenote fiel mit 6,5 entsprechend aus. Allerdings muß ich zur Ehre der Richter einräumen, daß Ahlerich nicht viel Fleisch auf den Rippen hatte. Man brauchte schon Phantasie und viel Einfühlungsvermögen in die Entwicklung eines unfertigen Pferdes, um sich diesen jungen Ahlerich als Zukunftspferd vorzustellen. Hinter vier Hessen wurde er an 5. Stelle plaziert. Wir waren darüber ein wenig enttäuscht, denn wir sahen inzwischen in unserem Ali ein großes Nachwuchspferd.

In der Eignungsprüfung für Reitpferde am nächsten Tag fiel Ahlerich durch seine gute Springmanier auf. Allerdings wirkte er noch einen Tick magerer als am Vortag, weil er in dem fremden Stall keinen Hafer fressen wollte. So mußten wir auch hier mit dem 5. Platz vorliebnehmen. Doch unser Ali hatte uns nicht enttäuscht. Seine Selbstverständlichkeit in der fremden Umgebung, das willige Springen auf dem Turnierplatz und die Leichtigkeit, mit der er die Rittigkeitsaufgabe erfüllte, waren Anlaß, zufrieden heimzukehren.

Ich konnte es mir natürlich nicht verkneifen, dem Westfalen Dr. Dohmen zu berichten, daß sein toller Westfale Ahlerich in Hessen nur mit der Gebäudenote 6,5 versehen worden war, zumal mir von einer Richtertagung über Materialbenutzung am Beispiel der westfälischen Auktionspferde während des Trainings in Warendorf erzählt worden war, daß Ahlerich dort Gebäudenoten zwischen 8,0 und 9,0 erhalten hatte.

Gebäude hin, Gebäude her: Von Dux und Mehmed war ich einiges gewohnt. Beide wurden am Anfang ihrer Laufbahn als Dressurpferde nicht gerade mit Lobeshymnen bedacht. Sie mußten gegen viele Vorurteile ankämpfen, bis sie in jahrelanger Geduldsarbeit zu den erfolgreichsten Dressurpferden ihrer Zeit heranreiften.

Abb. 3. Eignungsprüfung für Reitpferde, Niederzeuzheim 1975. Wenn Ahlerich den Richtern schon für die Dressur wenig geeignet erschien, so fiel er wenigstens im Springen durch seine gute Manier auf.

Wenn diese beiden Erfolgspferde anfangs von den Kritikern als wenig geeignet eingestuft wurden, brauchte ich mir diesbezüglich für Ahlerich keine Sorgen zu machen. Ahlerich war intelligent und in sich harmonisch. Man mußte nur an ihn glauben. Und diese Eigenschaft besaß ich bereits aufgrund meiner Erfahrungen mit Dux, Mehmed und vielen anderen Pferden, die bei mir bis zur Grand Prix-Reife herangewachsen waren.

Die weitere Entwicklung bis zum Herbst 1975

Nach Niederzeuzheim hatte Claudia die Aufgabe, die Freßlust von Ahlerich anzuregen. Sie ließ sich dazu viel einfallen und hatte Erfolg. Bis zum Herbst nahm Ahlerich etwa einen halben Zentner zu. Er wirkte nun ausgereifter, nicht mehr so schlaksig.

Hand in Hand damit vollzog sich die Ausbildungsarbeit durch meine Frau. Ich kümmerte mich wenig darum, weil ich kaum Zeit hatte. Wir besprachen von Woche zu Woche das Programm. Zu den lösenden Übungen kamen vermehrt die halben Paraden und die Arbeit auf dem Zirkel hinzu. Durch häufiges Reiten von Übergängen und Tempounterschieden sollte erreicht werden, daß Ahlerich etwas fauler auf die Reiterhilfen reagierte. Mit wachsender Kraft wurde Ali nämlich übermütig und versuchte, den Reiterhilfen davonzulaufen.

Jetzt mußten wir daran arbeiten, daß der Reiter zum Treiben kam und das Gesetz des

Handelns ehrlich bestimmen konnte. Viel Zirkelverkleinern und -vergrößern, Übertretenlassen im Trab auf der offenen Zirkelseite brachten im Arbeitsteil der Ausbildungsstunde die gewünschte Wirkung. Natürlich brauchte Ahlerich jetzt auch mehr Bewegung. Während meine Frau ihn im Mai und Juni etwa nur eine halbe Stunde täglich ritt und ihn ansonsten führen, freilaufen und freispringen ließ, dauerte die Reitstunde jetzt eine dreiviertel bis eine Stunde mit 20-minütigem Arbeitsteil in der Mitte.

Noch verzichteten wir darauf, den Ausdruck des Trabes speziell zu bearbeiten. Die Zeit war noch nicht reif dafür. Erst wollten wir erreichen, in den Bewegungsablauf des Trabes mehr Ruhe zu bekommen. Ahlerich sollte nicht eiliger werden, wenn man die Tritte verlängern wollte. Dazu bot er sich an, weil er von Natur aus gerne vorwärts geht.

Die betont ruhige Trabarbeit brachte es vorübergehend mit sich, daß der Ausdruck im Arbeitstrab ein wenig nachließ. Wer in dieser Zeit Ahlerich beim Training beobachtete, verstand ohne nähere Erläuterung bestimmt nicht, was wir wollten. Aber wir ließen uns nicht beirren.

Beim Turnier der Sieger vom 12.–14. September 1975 in Münster schickten wir Ahlerich in der Materialprüfung für 4jährige Pferde erneut an den Start. Er wurde diesmal von Hans-Jürgen Meyer geritten. Und wir staunten nicht schlecht, welchen Ausdruck Ahlerich in der Gesellschaft und im Vergleich mit seinen Alterskameraden gerade im Trab zeigte. Der Trab fiel gegenüber dem Galopp und Schritt nicht mehr ab. Im Gegenteil: durch ein bißchen Aufregung in der Turnieratmosphäre und das geschickte Reiten von Hans-Jürgen Meyer trabte Ahlerich schwungvoll und mit großem Ausdruck. Sein Takt wurde beim Zulegen nicht eiliger. Ahlerich gewann die Prüfung überlegen. Wer ihn in dieser Prüfung gesehen hat, mußte ihm eine große Zukunft als Dressurpferd bescheinigen. Wir waren auf dem richtigen Wege.

Ahlerichs Erfolge 1974 und 1975

Münster 4.–6. 10. 1974	1. Material Reiter: Konrad Hambrügge
Niederzeuzheim 20.–22. 6. 1975	5. Material 5. Eignung Kl. L
Münster 12.–14. 9. 1975	1. Material Reiter: Hans-Jürgen Meyer

---

Abb. 4. Der junge Ahlerich. Ein Pferdegesicht voller Ausstrahlung und Intelligenz.

Abb. 6 (oben). Nach einem Jahr ist aus der großen, schlaksigen Remonte schon fast ein Athlet geworden. Ahlerich im Frühjahr 1976.

Abb. 5 (links). Der 5jährige Ahlerich auf dem Weg zur Klasse L.
a) Arbeitstrab in Gebrauchshaltung; b) Arbeitstrab auf gebogener Linie.

Die Winterarbeit 1975/76

Nach dem Turnier der Sieger in Münster wollten wir bis nach dem Haarwechsel mit Ahlerich nichts Neues üben. Alle Pferde unseres Stalles werden nach der Sommersaison gegen Erkältung geimpft. Sie dürfen dann acht bis zehn Tage beim Reiten nicht schwitzen.

Der Haarwechsel zum Winterkleid machte Ahlerich zu schaffen. Er war lustlos und hatte keine Freude an der Arbeit. Sein Gang war klamm, obwohl er nur bewegt wurde. Kurze Zeit später kam ein Hufgeschwür zum Vorschein. Es dauerte gut eine Woche, bis es reif wurde und aufgeschnitten werden konnte. So verging die Zeit bis November.

Auf dem Weg zur Klasse L

Ich entschloß mich, Ahlerich in den Wintermonaten weitgehend selbst zu reiten. Er sollte auf die Ausbildungsstufe der Klasse L vorbereitet werden, um fünfjährig im Frühjahr 1976 in Dressur L zu starten. Der Galoppsprung mußte gesetzt und versammelt werden, um den Außengalopp zu erlernen. Dazu ritt ich nach dem Lösen wiederum viel auf dem Zirkel, verkleinerte den Zirkel und übte die Übergänge vom Galopp zum Schritt und daraus wieder in den Galopp. Ahlerich nahm dies rasch und mühelos an. Alles, was sich im Galopp vollzog, führte er besonders gerne aus.

Nach einigen gelungenen Übergängen wurde der Galoppsprung wieder aufgefrischt durch Zulegen und Einfangen auf dem Zirkel, bis ich das Gefühl hatte, den Galoppsprung voll zu beherrschen. Als nächstes folgten Übungen auf geraden Linien, Arbeitsgalopp von der Anlehnung der Bande weg durch die Länge der Bahn.

Etwa eine Woche lang standen diese Übungen im Mittelpunkt der Ausbildungsarbeit, jeweils am Schluß des Arbeitsteils der Ausbildungsstunde. Dann probierte ich den ersten Außengalopp. Ich wechselte durch die halbe Bahn, behielt den Galopp bei und rundete an der kurzen Seite die Ecken ab. Die Lektion gelang auf Anhieb. Ahlerich zeigte keine Unruhe und galoppierte im gleichen Rhythmus weiter. Irgendwo an der langen Seite parierte ich durch zum Schritt, lobte ihn und ließ ihn im Innengalopp wieder anspringen. Es war ein großes Erfolgserlebnis.

Natürlich erzählte ich stolz zu Hause von dem ersten gelungenen Außengalopp auf Ahlerich. Wer sich mit der Ausbildung von Dressurpferden befaßt, kann dies sicher verstehen und kennt das beglückende Gefühl, das einen erfaßt, wenn das junge Pferd wieder eine neue Lektion gelernt hat. Die Fähigkeit, mich selbst zu begeistern und dies auf das Pferd zu übertragen, ist einer der Gründe für den Erfolg mit meinen Pferden.

Abb. 7. Die Jugend marschiert nach vorn. Ausdrucksvoll, in leichter Anlehnung und mit gespitzten Ohren absolviert Ahlerich die Trabarbeit auf dem Weg zu seinem ersten Meistertitel in München 1978.

Abb. 8. Ein Jahr nach dem Rücktritt von Mehmed schon wieder auf dem Meistertreppchen ganz oben. Bei der Siegerehrung der Deutschen Meisterschaft in München 1978, links Vizemeister Uwe Sauer, rechts Bronzemedaillen-Gewinner Uwe Schulten-Baumer.

Es war jetzt nur noch eine Frage von Tagen und Wochen, bis ich auf Ahlerich mühelos die L-Dressurlektionen im Außengalopp auf beiden Händen reiten konnte, ob durch die halbe Bahn ohne Wechsel, ob aus der Ecke kehrt ohne Wechsel oder Außengalopp auf dem Zirkel. Danach mußte ich die Arbeit aus Zeitgründen unterbrechen. Ich vertraute Ahlerich erneut meiner Frau an mit der Weisung, keinen Außengalopp und auch sonst keine neuen Lektionen zu üben. Sie sollte die Basisarbeit vertiefen, viel halbe Paraden Trab-Schritt mit wenig Kraftaufwand sowie Übergänge vom Trab zum Galopp und umgekehrt reiten. Tempoverstärkungen sollte sie auslassen. Das wollte ich mir für Anfang des Jahres selbst vorbehalten, weil ich dort Probleme auf uns zukommen sah.

Weiter widmete sich meine Frau der Kleinarbeit: z. B. korrektes Halten, Hinterhandwendungen und Rückwärtsrichten. Diese Lektionen kann man nicht stur üben. Sie müssen mit Geduld immer mal eingeflochten werden, wenn sich dies aus der Situation heraus ergibt. Dabei begibt man sich zum Halten nach Möglichkeit in die Nähe des Reitbahnspiegels, um darin zu sehen, wie die Beine des Pferdes stehen, und bei Bedarf leichte Korrekturen anbringen zu können. Halten, Rückwärtsrichten und Hinterhandwendungen sind zwar in erster Linie das Ergebnis gymnastischer Grundausbildung, bei der das Pferd gelernt hat, den vorwärtstreibenden, seitwärtstreibenden und verhaltenden Reiterhilfen zu folgen; sie sind aber auch ein Teil der Erziehung zum Gehorsam und erfordern deshalb vom Reiter viel Geduld.

Erste fliegende Galoppwechsel aus Neugierde

Wir hatten uns vorgenommen, auf dem Januar-Turnier in der Halle Münsterland Ahlerich noch nicht in Klasse L herauszubringen. Dadurch hatten wir viel Zeit, und ich übernahm erst nach dem Turnier Ende Januar selbst wieder die weitere Ausbildungsarbeit. Ahlerich fühlte sich gut an. Sein Galopp war so ausbalanciert, daß es mich reizte, einmal fliegende Galoppwechsel zu versuchen. Ich wechselte durch die ganze Bahn, nahm am Ende etwas Schwung und gab kurz vor der Ecke die Hilfen zum fliegenden Galoppwechsel. Erstaunt wechselte Ahlerich irgendwie den Galopp. Aber damit hatte ich ihm etwas angetan. Er war an diesem Tag ohnehin recht munter und versuchte, sofort nach dem Wechsel abzuhauen. Ich beruhigte ihn wieder und überlegte, ob ich aufhören oder es noch mal versuchen sollte mit dem Ziel, ihm anschließend durch sofortiges Loben Vertrauen einzuflößen. Ich machte weiter, aber nicht im Wechsel durch die ganze Bahn. Das hatte Ahlerich bereits durchschaut. Dort würde er vorher so heftig werden, daß ich ihn nicht würde halten können. Also legte ich mir eine andere Taktik zurecht: Ich übte an der langen Seite, jeweils mit nur einem kurzen Zwischentritt in Abständen von etwa 20 Metern, einfache Galoppwechsel von innen nach außen und umgekehrt. Auf der linken Hand fühlte ich mich am sichersten, denn der Außengalopp hatte dort immer besser geklappt als auf der rechten Hand.

Ahlerich beruhigte sich rasch und ahnte nicht, was ich wollte. Ich legte eine kurze Schrittpause ein und lobte ihn. Dann nahm ich die Zügel erneut auf und setzte die einfachen Wechsel an den langen Seiten fort. Ahlerich blieb ruhig. Jetzt war die Zeit gekommen, den fliegenden Wechsel erneut zu versuchen. Ich ging auf den zweiten Hufschlag, verweilte im Außengalopp und bereitete alles auf die Galoppwechselhilfe gut eine Pferdelänge vor

Erreichen der kurzen Seite vor. Dort konnte Ahlerich mir so schnell nicht weglaufen. Ich trieb mit dem inneren Schenkel den Galoppsprung gegen den äußeren Schenkel, der durch kurzen Druck den Impuls zum Wechsel in dem Moment auslöste, als der äußere Vorderfuß zur Schwebephase abhob.

Ehe ich mich versah, war Ahlerich sauber umgesprungen. Ich hatte also genau den richtigen Moment erwischt, rief »brav« und parierte sofort zum Schritt durch. Ahlerich empfand das Loben als Wohlbehagen, und ich klopfte ihm mehrfach den Hals. Der Bann war gebrochen. Das wußte ich. Ich durfte das Glück nur an diesem Tage nicht nochmals herausfordern. Diesen Fehler hatte ich früher bei anderen Pferden gemacht und daraus gelernt. Wenn nämlich die Wiederholung nicht klappt, muß erneut angesetzt werden, und es besteht die Gefahr, daß Reiter und Pferd sich abermals mißverstehen und in Streit geraten.

Ich fuhr an diesem Tage noch glücklicher nach Hause als beim ersten Außengalopp. Keiner konnte mir die gute Laune verderben. In der Kanzlei ging mir die Arbeit von der Hand wie selten.

Natürlich war mir klar, daß es noch ein langer Weg sein würde, bis Ahlerich die fliegenden Galoppwechsel auf beiden Händen sicher beherrschte. Aber ich hatte gespürt, daß sie drin waren und nur noch mit Geduld gefestigt zu werden brauchten. Dazu legte ich mir auch sogleich ein neues Programm zurecht. Dessen Leitfaden lautete: ablenken durch andere Lektionen im Trab; den Galopp durch Verkleinern des Zirkels versammeln; viel einfache Galoppwechsel auf Schlangenlinien durch die ganze Bahn reiten, bis das Gefühl einem sagt: Jetzt kannst du den Wechsel am Ende der langen Seite erneut versuchen. Hierzu suchte ich immer die gleiche Stelle aus, damit Ahlerich Bescheid wußte und die Hilfen dosiert werden konnten.

Mehrfach mußte ich die Winterausbildung von Ahlerich aus Zeitgründen unterbrechen. Die Olympischen Spiele in Montreal 1976 standen bevor. Beruflich hatte ich kaum Zeit für mehr als ein Pferd. Mehmed mußte sorgfältig auf die Grand Prix-Starts in Bremen und Dortmund vorbereitet werden. Und dazu hatten wir noch andere S-Pferde im Stall, wie Amadeo, Sekur und Privatier, um die sich nicht nur meine Frau kümmern konnte. So wechselten wir uns mit den Pferden gegenseitig ab. Für Ahlerich, den Jüngsten im Stall, blieb oft nur Zeit für die notwendigste Bewegungsarbeit.

Erst nach Dortmund Ende März konnte ich Ahlerich wieder regelmäßig reiten. Die Galoppwechsel, die ich im Januar mehr aus einer Laune heraus angefangen hatte, wurden nicht weiter geübt. Viel wichtiger erschien mir eine planmäßige Arbeit zur Stärkung der Rückenmuskeln und Weiterentwicklung des Schwungs im Trab. Noch immer reagierte Ahlerich besonders empfindlich auf jede Gewichtshilfe im Rücken. Wenn man es als Reiter nicht verstand, sein eigenes Gewicht im Sattel leicht zu machen, verkrampfte Ahlerich sich im Rücken und verlor an Gang. Mit diesem Problem sollte ich noch lange beschäftigt bleiben. Ahlerich ist in seinem bisherigen Leben bestimmt mehr als alle anderen Spitzendressurpferde lang und tief geritten worden. Wir haben ihn über Cavalettis gearbeitet, viel spazieren geritten und mit Sorgfalt zu Beginn jeder Ausbildungsstunde gelöst. Es hat dennoch fast zwei Jahre gedauert, bis seine Rückenmuskeln kräftig genug ausgebildet waren.

Der Haarwechsel vom Winterfell zum Sommerkleid machte Ahlerich im April 1976 erneut zu schaffen. Er war frühjahrsmüde und fraß schlecht. Es hatte keinen Zweck, ihn ernsthaft zu arbeiten. Er wurde nur gelöst und spazieren geritten. Turnierpläne wurden gar nicht erst

Abb. 9. Die ersten Trainingsstunden im Freien: nach dem Haarwechsel im Frühjahr 1976 wurde Ahlerich auf seinen ersten Dressurstart im Freien vorbereitet.

geschmiedet, denn ab Mai gab es für uns in diesem Sommer nur ein großes Ziel: Die Qualifikation und Vorbereitung auf die Olympischen Spiele in Montreal mit Mehmed. Alle anderen Pferde hatten sich dem unterzuordnen. Lediglich für das Turnier des Reitervereins St. Georg Münster in der eigenen Anlage Ende Mai faßten wir für Ahlerich einen Start in Dressurklasse L und einen in M, Kategorie B ins Auge. Meine Frau sollte Ahlerich in der Klasse L reiten. Wenn das gutging, wollte ich ihn eventuell in der Klasse M, Kategorie B versuchen.

Die Gewöhnung an die Kandare

Ende April hatte Ahlerich seine Frühjahrsmüdigkeit abgelegt. Der Tierarzt hatte ihn untersucht und ihn für die Arbeit wieder freigegeben. Nach ein paar Tagen beschlossen wir, Ahlerich zum ersten Mal eine Kandare aufzulegen und ihn an diese Zäumung zu gewöhnen.

Nach dem Olympia-Sichtungsturnier in Leverkusen ritt ich Ahlerich eine Woche lang jeden Tag auf Kandare. Ich rechnete mit keinen Schwierigkeiten, denn Ahlerich war in der

Grundausbildung auf Trense ehrlich durchgeritten. Er war weich im Maul und nahm beide Trensenzügel gleichmäßig gut an. Hilfszügel hatten wir nicht ein einziges Mal benötigt. Bei Ahlerich gab es weder Ganaschen- noch Halsschwierigkeiten. Die Natur hatte ihm nichts in den Weg gelegt, was hier hinderlich hätte sein können. Insofern war Ahlerich für die Dressurausbildung ideal geeignet.

Für das erste Auflegen der Kandare ließen wir uns auf der Stallgasse ein bißchen Zeit. Es ist wichtig, daß die Kandare richtig sitzt und nirgendwo klemmt. Das gilt insbesondere für die Lage der beiden Gebisse. Als Trensengebiß hatte ich ein normales, nicht zu dünnes Wassertrensengebiß ausgesucht. Für das weiche Maul von Ahlerich hätte ein dünnes Gebiß zu scharf gewirkt. Das Kandarengebiß wies eine leichte Zungenfreiheit auf. Für Ahlerich war dies wichtig, denn er liebte keinen Zwang. Ein zu starker Druck auf die Zunge oder den Gaumen würde bestimmt Probleme heraufbeschwören. Das hat sich in späteren Jahren hin und wieder gezeigt.

Als die Kandare aufgelegt war und Ahlerich beide Gebisse im Maul spürte, begann er sofort zu schlabbern. Er hatte die Veränderung gleich mitbekommen und versuchte, ein Gebiß auszuspucken. Ich mußte schmunzeln und zog den Nasenriemen etwas an, damit das Geschlabbere aufhörte. Ein paar beruhigende Worte taten ihre Wirkung, und Ahlerich hielt sein Maul wieder ruhig.

Nun schaute ich auf den Abstand der beiden Gebisse im Maul. Ich wollte vermeiden, daß die Zunge dazwischen zuviel Platz zum Spielen hatte. Für Ahlerichs empfindliches Maul sollten die beiden Gebisse eher zu dicht als zu weit auseinander liegen. Deshalb verschnallte ich das Kandarengebiß ein Loch höher.

Die Kinnkette hängte ich so ein, daß die Kandare leicht durchfiel, also kaum zur Wirkung kam. Einige Ausbilder lassen beim Eingewöhnen der Kandare die Kinnkette ganz weg. Das war bei Ahlerich nicht nötig. Es war an diesem Tag auch nicht nötig, ihn erst auf Trense abzureiten, bevor wir ihm die Kandare auflegten. Denn er war kein bißchen übermütig.

Die Arbeit auf Kandare unterscheidet sich bei uns von der Arbeit auf Trense dadurch, daß wir in der Lösungsphase die Pferde auf Kandare nicht lang und tief reiten. Warum? – Beim lang und tief Reiten soll das Pferd mit vorwärts-abwärts gestrecktem Hals den Rücken aufwölben. Es soll sich lösen. Dabei kommt es weniger darauf an, eine gleichmäßige und bestimmte Anlehnung an beide Zügel zu erarbeiten.

Beim Reiten auf Kandare hingegen soll durch die ruhige, gleichmäßige Anlehnung an alle vier Zügel erreicht werden, daß sich das Pferd in einer dem Gangmaß entsprechenden Aufrichtung bewegt. Es soll bei möglichst weicher Anlehnung in Selbsthaltung gehen.

Würde ich ein Pferd, welches ich an die Kandare gewöhnen will, gleich am Anfang lang und tief reiten, bestünde die Gefahr, daß es mit den beiden, ihm ja noch fremden Gebissen spielt und unruhig im Hals wird. Zum Lösen reite ich daher das Kandarenpferd einige Minuten im Schritt mit hingegebenen Zügeln. Nach einem Stehtag lasse ich es vorher ablaufen oder reite es auf Trense ab, bis es gelöst ist. Wer mich auf Turnieren beobachtet, wird feststellen, daß ich auf dem Abreiteplatz häufig meine Pferde erst auf Trense abreite, bevor ich kurz vor dem Start mit dem Pferd auf Kandare wiederkomme.

Nachdem die Kandare bei Ahlerich auf der Stallgasse richtig verpaßt war, ließ ich ihn in die Reitbahn führen. Er sollte wenig Ablenkung haben und sich ganz auf mich konzentrieren. Im Schritt mit hingegebenen Zügeln ließ ich ihn erst für einige Minuten frei ausschreiten. Dann nahm ich die vier Zügel auf, sortierte sie und achtete darauf, daß die Trensenzügel etwas mehr anstanden als die Kandarenzügel. Ich trabte an und blieb auf der ganzen Bahn. Abwechselnd trabte ich leicht, um das Tempo frisch zu halten und Ahlerich an die vier Zügel heranzutreiben. Ich suchte eine stetige Verbindung zum Pferdemaul mit allen vier Zügeln. Sobald ich diese fühlte, ging ich zum Aussitzen über und nahm das Tempo etwas zurück. Ahlerich zeigte keinen Widerstand und bestätigte damit, was ich vorher erwartet hatte.

In der Phase der Gewöhnung an die Kandare bevorzuge ich die geraden Linien und wechsele dabei hin und wieder durch die ganze oder halbe Bahn. Dann reite ich Übergänge vom Trab zum Schritt und umgekehrt, bis ich auch hierbei spüre, daß das Pferd bei den halben Paraden die Kandare annimmt. Um dies zu erreichen, benötigt der Reiter viel Feingefühl. Jede zu hart angesetzte Parade kann dem Pferd die Kandare verleiden und zu Maulschwierigkeiten führen. Man darf in diesem Zusammenhang nicht vergessen, daß die Kandare schärfer wirkt als die Trense. Deshalb ist es besser, die Paraden anfangs weich auslaufen zu lassen, als unbedingt darauf zu bestehen, daß sie ehrlich durchkommen. Dafür ist später Zeit genug, wenn das Pferd an die Kandarenzäumung gewöhnt ist.

Ahlerich hatte nicht die Neigung, sich im Genick zu verwerfen. Normalerweise ist dies anders. Die meisten Pferde haben eine gute und eine schlechte Seite. Sie neigen dazu, sich auf der schlechten Seite festzumachen und sich dann im Genick zu verwerfen. Auf Kandare passiert dies leichter, insbesondere, wenn die Kandarenzügel ungleich anstehen oder sogar klemmen. Häufig beobachten wir dies in Dressurprüfungen bei Volten, Schlangenlinien und Seitengängen. Aus diesem Grund reite ich in der Phase der Gewöhnung des jungen Pferdes an die Kandare vornehmlich auf geraden Linien, bevor ich auf den Zirkel gehe und Volten und Schlangenlinien übe.

Bei Ahlerich hatte ich kein Verwerfen zu befürchten. Nachdem ich etwa fünf Minuten auf beiden Händen getrabt war und ein paar halbe Paraden eingelegt hatte, konnte ich auf gebogenen Linien weiterarbeiten. Es gab auch hier keinen Widerstand. Darauf parierte ich zum Schritt durch, lobte Ahlerich und gab die Zügel hin. Ich hätte an diesem Tage die Ausbildungsstunde bereits beenden können. Aber Ahlerich war so willig und aufmerksam, daß ich mich entschloß, nach kurzer Pause die Zügel erneut aufzunehmen und ein paar Galoppreprisen anzuhängen. Ahlerich reagierte wie ein Pferd, das die Kandare bereits kannte. Ich war rundum zufrieden und wieder einen Schritt weitergekommen.

Natürlich ließ ich an den folgenden Tagen bis zum Wochenende beim Reiten auf Kandare Vorsicht walten. Es gab keine besonderen Lektionen, die ich auf Kandare mit Ahlerich üben mußte. Auf Trense hatten meine Frau und ich ihn jetzt genau ein Jahr lang mit den entsprechenden Pausen sorgfältig bis zur Ausbildungsstufe der Klasse L gefördert. Wir freuten uns beide über den Erfolg.

Der Sommer 1976

Wir proben den ersten Dressurstart

Am Ende der Woche sollte meine Frau als Test und Vorbereitung für das Turnier Ende Mai die dort verlangte Dressuraufgabe Klasse L unter Wettkampfbedingungen reiten. Wir hatten für zwei L-Dressuren genannt, wovon eine auf Trense und eine auf Kandare ausgeschrieben war. Der Test sollte auf Kandare erfolgen.

Dazu ritt meine Frau Ahlerich unter meiner Anleitung erst auf Trense etwa eine halbe Stunde lang ab. Allein 15 Minuten entfielen auf lösende Übungen. Ahlerich war ziemlich frisch. Deshalb empfahl ich meiner Frau, ihn nach dem Lösen nicht auf Vorsicht, sondern ziemlich resolut zu reiten, um die Überempfindlichkeit herauszutreiben. Das behutsame Reiten eine Woche lang auf Kandare mit viel Loben war ihm offenbar zu gut bekommen. Ihn stach der Hafer, und das mußte heraus, bevor die Dressuraufgabe auf dem Wettkampfviereck geritten werden konnte.

Wenn eine solche Situation eintritt, ist es wenig sinnvoll, ein Pferd abzujagen, bis es müde ist. Dann wird es zwar in der Prüfung kaum weglaufen; aber dafür ist der Bewegungsablauf matt und der Gesichtsausdruck des Pferdes entsprechend traurig. Derartige Vorführungen mag ich nicht. Die Dressur lebt vom Ausdruck und der Harmonie zwischen Reiter und Pferd. Ihr Ziel ist es nicht, die einzelnen Figuren fehlerlos zu absolvieren. Das ist nur der technische Teil. Der eigentliche Inhalt des Dressurreitens besteht nicht darin, daß eine Lektion gelingt, sondern darin, wie sie ausgeführt wird.

Was also ist zu tun, wenn ein Dressurpferd beim Abreiten Übermut zeigt? Hier muß jeder speziell für sein Pferd eine eigene Methode entwickeln und diese mit wachsender Erfahrung verfeinern. Albert Stecken hat einmal gesagt: »Die Dressurprüfungen werden zum größten Teil auf dem Abreiteplatz gewonnen.« Nach meinen Erfahrungen hat es sich bewährt, ein durch die fremde Umgebung oder aus sonstigen Gründen aufgedrehtes Pferd zweimal herauszunehmen, bevor man es startet. Reicht die Zeit dazu nicht aus, sind häufige Tempounterschiede auf geraden und gebogenen Linien sowie halbe Paraden mit betont deutlichen Hilfen zu empfehlen.

Meine Frau befolgte meinen Rat, und Ahlerich wurde von Minute zu Minute gelassener. Noch ein Außengalopp und ein guter einfacher Galoppwechsel, dann konnte sie das Abreiten auf Trense beenden. Ahlerich kam in den Stall zurück. Nach kurzer Pause wurde die Kandare aufgelegt, und es ging in die letzte Abreitephase vor dem Start. Jetzt wurde nur noch das geübt, was Ahlerich nicht mehr aufregte. Ruhig und bestimmt wurde die Anlehnung hergestellt. Ein paar halbe Paraden, eine sichere Grußaufstellung wurden geübt. Dann ein paar Trabverstärkungen, und die Aufgabe konnte beginnen.

Ein Pfleger las die Aufgabe laut vor. Ich korrigierte von außen. Wir hatten abgemacht, daß die Aufgabe auf jeden Fall zu Ende geritten werden mußte, auch wenn unterwegs Fehler unterlaufen sollten. Auf dem Turnier kann man auch nicht unterbrechen. Einzelne Passagen konnten je nach Bedarf später wiederholt werden.

Ahlerich ging die ganze Aufgabe ohne grobe Lektionenfehler durch. Das Ganze war etwas vorsichtig angelegt, aber mit viel Leichtigkeit und Selbstverständlichkeit. Ahlerich war eine

Persönlichkeit, und man hatte den Eindruck, als wüßte er dies. Es war keinen Augenblick langweilig, ihm zuzuschauen. Wir brauchten nichts zu wiederholen. Er wurde gelobt und in den Stall zurückgebracht.

Bis zum Turnier hatten wir noch knapp drei Wochen Zeit. Ich hatte aus der Beobachtung hinzugelernt. Wir verabredeten, daß wir Ahlerich bis zum Turnier abwechselnd, wie es unsere Zeit erlaubte, reiten wollten. Insgeheim nahm ich mir vor, in der M-Dressur zu starten, wenn die L-Starts mit meiner Frau zufriedenstellend ausfallen sollten. Ich hatte bis dahin aber kaum Traversalen geübt, nur das Übertretenlassen auf der offenen Zirkelseite und Schulterherein an den langen Seiten. Die M-Aufgabe verlangte je eine halbe Traversale nach rechts und links. Darauf konzentrierte ich mich, wenn ich Ahlerich ritt. Fliegende Wechsel zu reiten, wagte ich nicht, um den Außengalopp für die Klasse L nicht zu gefährden. Ich hätte sonst bestimmt die Schuld bekommen, wenn das Pferd in der L-Dressur umgesprungen wäre.

Erste Dressurerfolge in den Klassen L und M

Am 29./30. Mai 1976 fand das Ereignis in der Reitanlage unseres Vereins statt. In heimischer Umgebung konnten wir zuversichtlich sein. Ahlerich kannte die Dressurplätze genau. Doch als die vielen fremden Pferde, die Zuschauer und die Lautsprecheransage hinzukamen, war er erstaunt. Meine Frau ritt ihn zur Vorsicht etwas länger ab. Als sie in das Viereck zur Dressur Klasse L auf Trense einritt, blieb Ahlerich brav. Nicht einen Augenblick ließ er sich ablenken.

Das Ergebnis: Wertnote 7,7 und 1. Platz.

Wir freuten uns riesig. Am nächsten Tag stand morgens die Dressur Klasse L auf Kandare an und nachmittags die M-Dressur. Wir nannten für beides, meine Frau für L und ich für M. Die L-Dressur war auf dem Dressurviereck zur Straße hin. Dort war die Ablenkung größer. Trotzdem ging Ahlerich erneut ohne Aufregung. Nur bei der Grußaufstellung, als die Richter den Hut zogen, erhob er den Hals, als wolle er genau hinsehen. Es gab die Wertnote 7,3, und das bedeutete den 3. Platz bei 21 Teilnehmern.

Nun war ich an der Reihe. Ahlerichs erster Start in der Klasse M. Sollte ich vorher die fliegenden Galoppwechsel noch einmal üben oder nicht? Ich hatte nicht den Mut, darauf zu verzichten und ritt je einen Wechsel genau dort, wo er in der Aufgabe verlangt wurde. Das wäre mir fast zum Verhängnis geworden. Bei der Prüfung selbst gelang die Trabtour gut. Bei den Traversalen gab es keine Probleme. Der Schritt war gelassen, als ginge Ahlerich jeden Sonntag auf dem Turnier. Dann aber kam die Galopptour mit den beiden fliegenden Wechseln.

Ich wollte die Wechsel besonders gut vorbereiten. Ahlerich aber wußte längst, was kam und sprang den ersten Wechsel vor meiner Hilfe. Beim zweiten Wechsel wollte ich dies verhindern, leider vergeblich. Ich brachte Ahlerich nur in Unruhe, und es gab einen Galoppwechsel mit einem großen Satz. Überraschend schnell war er wieder ruhig und absolvierte die Schlußlektionen brav. Die Richter bescheinigten ihm ein gutes Temperament und plazierten ihn an 4. Stelle.

Abschied von Ahlerich bis nach Montreal

Mit diesen Erfolgen war die verlängerte Winterausbildung von Ahlerich abgeschlossen. Die Olympischen Spiele in Montreal rückten näher. Am 17. Juli 1976 wurden die Spiele eröffnet. Vorher mußte ich mich vom 19.–23. Mai in Aachen qualifizieren. Für Ende Juni war ein Olympia-Vorbereitungslehrgang mit anschließendem Wettkampf in Niederzeuzheim angesetzt. Es war notwendig, die wenige außerberufliche Zeit nun ausschließlich auf Mehmed zu verwenden, damit er in Hochform kam. Meine Frau mußte mich bei den vielen Reisevorbereitungen unterstützen und hatte mit Sekur und Privatier zwei weitere S-Dressurpferde zu betreuen. Amadeo, mein zweites S-Pferd, wurde von ihr bereits mitbewegt.

So entschlossen wir uns, Ahlerich bis nach den Olympischen Spielen einem anderen Reiter anzuvertrauen. Hierfür konnten wir Hans-Jürgen Meyer gewinnen, der 1974 auf Privatier Mannschaftseuropameister der Junioren in Kopenhagen geworden und seit acht Jahren unter unserer Obhut bis zum Grand Prix-Reiter herangereift war. Auf ihn konnte ich mich hundertprozentig verlassen. Er war feinfühlig und würde Ahlerich auf keinen Fall überfordern. Hans-Jürgen sagte sofort zu. Ich gestattete ihm, ihn einige Male auch auf Turniere mitzunehmen, wenn sich ein günstiger Start in L oder M anbot. Die Entscheidung darüber überließ ich ihm selbst.

Der große Vorteil dieser Lösung war, daß Ahlerich in unserem Stall bleiben konnte und ich ihn bis zu unserem Abflug nach Montreal täglich sah. Von seiner Arbeit und den Starts auf Turnieren ließ ich mir von Hans-Jürgen berichten.

Ahlerichs Erfolge 1976

Münster 29./30. 5.	1. L-Dressur Reiterin: Ruth Klimke
	3. L-Dressur Reiterin: Ruth Klimke
	4. M-Dressur
Bad Oeynhausen 10./11. 7.	1. L-Dressur Reiter: Hans-Jürgen Meyer
Exter 23.–25. 7.	5. M-Dressur Reiter: Hans-Jürgen Meyer
Lobberich 3.–5. 9.	3. M-Dressur
Münster 17.–19. 9.	4. M-Dressur 2. Material, Championat

Der Weg von Klasse M nach S im Winter 1976/77

Die Sommersaison war vorbei. Der nacholympische Rummel ging zu Ende. Sollte ich die Herausforderung noch einmal annehmen und versuchen, nach Mehmed ein neues Pferd in den ganz großen Sport zu bringen? Oder sollte ich nach 25 Jahren Turniersport kürzertreten? Was sagte die Familie? Was sagten die Freunde?

Diese Fragen beschäftigten mich im Herbst eine Weile. So ganz standfest war ich nicht mehr. Die Doppelbelastung in Beruf und Sport ging an die Substanz. Wenn ich weitermachte, dann nur, wenn die ganze Familie dies wollte und mitmachte. Verwundert schaute meine Frau mich an, als ich andeutete, langsam kürzertreten zu wollen. Meine Mutter und meine Schwester, die mich genau kannten, glaubten mir erst recht nicht und meinten: »Du hörst doch noch nicht auf.« Ich schwieg und stellte keine Fragen mehr.

Für mich selbst gingen die Fragen jedoch weiter. Welches Pferd in meinem Stall hatte denn das Zeug zu einem Nachfolger von Mehmed? War es Amadeo, den ich ebenfalls 4jährig bekommen hatte und mit dem ich inzwischen rund 20 S-Dressuren gewinnen konnte? – Ich war mir nicht sicher. War es Fabian, der bildschöne Trakehner Hengst, der gerade zu uns in den Stall gekommen war? – Vielleicht.

Was war denn mit Ahlerich als Nachfolger von Mehmed? Den westfälischen Freunden hätte ich bestimmt aus der Seele gesprochen. Für sie war Ahlerich schon 4jährig auf der Auktion das potentielle Grand Prix-Pferd. Ich mußte jedoch realistischer denken. Wie kann man von einem gerade in Klasse M plazierten Pferd erwarten, daß er überhaupt einmal den Grand Prix erreicht?

Bei dieser Frage angekommen, erwachte Widerstand in mir. Ich dachte: Warum eigentlich nicht? Wer hatte schließlich Dux oder Mehmed vorausgesagt, daß sie einmal erfolgreiche Grand Prix-Pferde werden würden? Außer mir selbst doch kaum jemand. Der eigene Wille und ein ungebrochener Fleiß waren es gewesen, die diese beiden Pferde zu ihrem verdienten Ruhm geführt hatten.

Was sprach gegen Ahlerich? Ich kannte ihn vielleicht momentan nicht so genau, nachdem er den Sommer in der Obhut von Hans-Jürgen Meyer verbracht hatte. Also wurde es Zeit, daß ich mich an die Arbeit machte.

Ahlerich schien das gespürt zu haben. Es läßt sich mit Worten kaum beschreiben, welch ein Glücksgefühl er dem Reiter an guten Tagen vermitteln kann. Man braucht keine Gerte, keine scharfen Sporen und überhaupt keine kräftigen Hilfen. Man muß aber auf ihn eingehen und ihn im rechten Moment überlisten können. Das erwartet er von seinem Reiter. Sonst nimmt er das Heft in die Hand, und der Reiter hat verloren.

Genau so eine Pferdepersönlichkeit wie Ahlerich wünschte ich mir, um noch einmal zu versuchen, ein Dressurpferd bis zum Grand Prix-Sieger auszubilden. Ich hatte das Talent im Stall, das war mir nach einigen Tagen wieder klar. Nun war ich gefordert. Ich durfte bei diesem empfindsamen Wallach nichts überstürzen. Ein sorgfältig aufgebauter Winterplan sollte bis zum Frühjahr von der Klasse M bis zur Ausbildungsstufe Klasse S hinführen.

Den Galopp für die Klasse S versammeln

Je einen fliegenden Galoppwechsel nach rechts und links beherrschte Ahlerich sicher. Bei seinem großen Galoppsprung erschien es mir jetzt noch nicht angebracht, als nächstes die fliegenden Galoppwechsel zu mehreren Tempi zu üben. Dazu sollte der Galopp erst mehr versammelt werden. Etwa 14 Tage lang ritt ich im Arbeitsteil der Reitstunde bei den Galoppreprisen schwerpunktmäßig die Lektion Zirkelverkleinern und -vergrößern. Beim Zirkelverkleinern führte ich den Galopp bis zum versammelten Tempo zurück, manchmal etwas traversartig, wenn fast die Größe einer Volte erreicht war. Beim Zirkelvergrößern wurde im Tempo zugelegt, bis die Zirkellinie wieder erreicht war. Dort wurde das Tempo wieder eingefangen und das Pferd mit diagonalen Hilfen schulterhereinartig geradegerichtet. Unter diagonalen Hilfen verstehe ich hierbei das vermehrte Herantreiben mit dem inneren Schenkel gegen den äußeren Zügel, wobei die innere Hand leicht nachgibt und den inneren Hinterfuß nicht blockiert.

Dem Galoppsprung und den Nerven von Ahlerich kam diese Arbeit sehr entgegen. Ahlerich liebte es, immer wieder vor eine neue Aufgabe gestellt zu werden, die er noch nicht kannte. Wenn er sie begriffen hatte, brauchte man ihn nur noch ganz leicht zu führen, und er arbeitete von selbst. Als nächstes beschäftigte ich mich im Arbeitsteil der Reitstunde mit halben Galopptraversalen, jeweils von der langen Seite aus zur Mittellinie. Diese Übung eignet sich auch als Anschlußlektion an die Zirkelarbeit. Beim Erreichen der Mittellinie wird das Tempo bis zum Arbeitsgalopp erhöht, um den Schwung und Takt des Galoppsprungs aufzufrischen.

Die Galoppwechsel zu mehreren Tempi

Natürlich ritt ich täglich während der Galopptour einzelne fliegende Galoppwechsel, wie sich dies gerade anbot. Je lässiger diese gelangen, desto näher kam der Tag, an dem ich beschloß, zum ersten Mal Galoppwechsel zu 4 Tempi zu reiten. Ich ging dazu nach entsprechenden Vorbereitungen durch die Zirkelarbeit im Galopp auf den zweiten Hufschlag der langen Seite und ließ Ahlerich zu Beginn von innen nach außen und im zweiten Teil der langen Seite von außen zurück nach innen wechseln. Die Sprünge dazwischen zählte ich nicht, sondern gab die Hilfen, wie es sich anbot. Danach parierte ich durch zum Schritt und klopfte Ahlerich kurz am Hals.

Ich galoppierte erneut an, ging einmal herum auf dem Zirkel und danach wieder auf den zweiten Hufschlag, ganze Bahn. Diesmal lautete die Aufgabe: zwei Galoppwechsel zu 6 Tempi. Den Wechsel nach außen führte Ahlerich fast allein aus. Ich brauchte jetzt nur noch zu zählen und rechtzeitig nach sechs Galoppsprüngen die Wechselhilfe nach innen zu geben. Auch hierbei reagierte Ahlerich sofort, und zwar ohne Unruhe.

Ich parierte durch und lobte Ahlerich mit der Stimme. Jetzt wollte ich auch die 4 Tempi versuchen. Ich galoppierte an, ging eine Runde auf dem Zirkel, danach auf den zweiten Hufschlag der langen Seite und gab die Hilfen für Galoppwechsel zu 4 Tempi. Den ersten Wechsel konnte Ahlerich schon. Er versuchte, meiner Hilfe zuvorzukommen. Ich konnte das gerade noch verhindern. Der zweite Wechsel gelang mühelos. Ich blieb im Galopp, sagte:

»brav« zu Ahlerich und parierte auf der kurzen Seite zum Arbeitstrab durch. Auf dem Zirkel stellte ich ihn lang und tief, ließ die Zügel aus der Hand kauen und parierte mit der Stimme zum Schritt. Im Schritt mit hingegebenen Zügeln streichelte ich Ahlerich noch ein paar Mal lobend den Hals und ritt ihn trocken.

An diesem Tage war die Last des Alltags bei mir wie weggeblasen. Es sind dies die Augenblicke, für die man lebt, für die sich die ganze Arbeit lohnt. Wer Pferde ausbildet, kennt das Gefühl und wird mich verstehen.

In den nächsten zwei Wochen setzte ich die Galoppwechselarbeit fort, wie sie sich gerade anbot. Es mußte nicht jeden Tag sein, daß ich 4 Tempi übte. Ich führte hauptsächlich die versammelnde Arbeit weiter, kombinierte die Galopptraversalen mit fliegenden Wechseln, indem ich doppelte halbe Traversalen ritt. Die Beweglichkeit von Ahlerich wurde von Woche zu Woche größer. Er balancierte sich so weit aus, daß man ihn fast »auf dem Teller« galoppieren konnte.

An der langen Seite gelangen viermal fliegende Galoppwechsel zu 4 Tempi auf beiden Händen sicher. Die Hilfen wurden feiner. Ich konnte bereits den zweiten Hufschlag verlassen und die Wechsel an der Bande reiten. Von den vielen Pferden, denen ich fliegende Galoppwechsel zu mehreren Tempi beigebracht habe, lernte Ahlerich sie am leichtesten. Der besondere Vorzug war: Ahlerich wechselte schnurgerade. Es gab kein Schwanken, wie dies am Anfang bei jungen Pferden häufig vorkommt, wenn man die Reiterhilfen deutlich geben muß, um sich verständlich zu machen.

Von den Galoppwechseln zu 4 Tempi nach 3 Tempi besteht ausbildungsmäßig kein großer Unterschied. Ein ausbalanciertes Pferd, das die Galoppwechsel zu 4 Tempi beherrscht, kann auch auf Anhieb 3-Tempi-Wechsel springen. Das hängt nur davon ab, ob der Reiter im richtigen Rhythmus die Hilfen gibt. Wichtiger ist der Unterschied, ob ich Galoppwechsel zu 3 bzw. 4 Tempi an der langen Seite oder in der Diagonalen reite. An der langen Seite ist die Anlehnung an den Hufschlag eine Erleichterung. Das Pferd fühlt sich dort sicherer. In der Diagonalen schwankt das Pferd leichter, solange es noch viel Unterstützung durch die Reiterhilfen benötigt. Es läßt sich auch schwerer korrigieren, wenn es von Galoppwechsel zu Galoppwechsel eiliger wird und davonstürmen möchte. Deshalb der Grundsatz: Galopp-wechsel zu mehreren Tempi erst an der langen Seite üben, bis sie sicher gelingen; dann erst in die Diagonale gehen.

Von den Galoppwechseln zu 3 Tempi nach 2 Tempi ist der Ausbildungsunterschied größer. Es ist nicht nur die größere Fertigkeit des Reiters, die hier bei der Hilfengebung gefragt ist. Die rasche Folge der Wechsel verlangt vom Pferd ein höheres Maß an Körperbeherrschung. Der Galopp muß auf beiden Händen so ausbalanciert und geschmeidig sein, daß das Pferd ohne Schwanken sein Gleichgewicht halten kann. Das Nervenkostüm des Pferdes wird mit angesprochen. Wir beobachten häufig, daß Pferde von Galoppwechsel zu Galoppwechsel unruhiger werden. Sie werden »heiß«.

Bei Ahlerich tauchte dieses Problem bis 2 Tempi glücklicherweise nicht auf. Später bei den Galoppwechseln von Sprung zu Sprung war dies anders. Die brauchten wir aber jetzt noch nicht. Aus der Rückschau heraus bin ich froh, nach den Galoppwechseln zu 4, 3 und 2 Tempi nicht gleich den Versuch unternommen zu haben, weiter auf die Wechsel zu einem Tempo loszusteuern.

Mein Blick war auf das Januar-Turnier in der Halle Münsterland ausgerichtet. Dort konnte

Ahlerich nach der Ausschreibung in einer S-Dressur für Nachwuchspferde, Aufgabe S 2, gehen, wenn die Ausbildung bis dahin planmäßig verlief. In der Aufgabe S 2 werden Galoppwechsel zu 4 und 3 Tempi verlangt. Also übte ich auch nicht mehr. Galoppwechsel zu 2 Tempi ritt ich nur ab und zu sonntags morgens aus Spielerei, wenn ich meinen Freunden zeigen wollte, was Ahlerich schon alles konnte.

Wir üben Galopp-Pirouetten

Die versammelte Galopparbeit auf dem Zirkel, wie ich sie in dem vorigen Kapitel beschrieben habe, ist gleichzeitig die Vorbereitung für die Pirouetten im Galopp. Es gibt natürlich verschiedene Möglichkeiten, einem Pferd Galopp-Pirouetten beizubringen. Für Ahlerich war das Zirkelverkleinern die ideale Vorbereitung. Diese Übung führte er gerne aus. Wenn er richtig abgeritten war, konnte man den Zirkel bis zu einer großen Pirouette verkleinern. Nach einer Weile kannte er die Lektion und bot die Pirouette von selbst an. Aus meiner Erfahrung mit anderen Pferden nahm ich das aber nicht an. Pferde, die von selbst die Pirouette anbieten, neigen bald dazu, die Pirouette zu drehen. Der Galoppsprung geht verloren, und die Hinterhand weicht nach außen aus.

Um das Drehen zu verhindern, muß der Reiter bemüht sein, die Vorhand des Pferdes beim Zirkelverkleinern nach außen zu halten und die Hinterhand vorzubringen. Daraus ergibt sich ein leicht traversartiger Galopp.

Nach dem Zirkel folgte das Üben der halben Galopp-Pirouetten auf geraden Linien. Hierzu wählte ich mit Ahlerich zwei verschiedene Figuren. Entweder wechselte ich durch die ganze Bahn und legte die halbe Pirouette etwa zwei bis drei Pferdelängen vor dem Mittelpunkt an. Oder ich ritt von der langen Seite in einer halben Traversale zur Mittellinie und machte, dort angekommen, eine halbe Pirouette auf der Mittellinie.

Obwohl es klar ist, daß das Pferd während der Pirouette leicht in die Richtung gestellt und gebogen werden muß, in die es springt, achte ich beim Üben darauf, daß die Traversstellung nicht übertrieben wird. Im Gegenteil: Um die Versammlung für die Pirouette zu erzielen, gebe ich kurz vor der Einleitung eine halbe Parade am äußeren Zügel und richte das Pferd dadurch schulterhereinartig gerade. So kann der äußere Hinterfuß leichter das Gewicht aufnehmen. Der Galoppsprung bleibt erhalten, und das Pferd hat keine Veranlassung, sich durch Abdrehen nach innen zu entziehen.

Ahlerich hatte keine Schwierigkeiten, die halben Pirouetten auszuführen. Er hatte das schnell begriffen und war beweglich genug. Aus Gründen, die ich zunächst nicht verstand, schlich sich jedoch alsbald folgender Fehler ein: Ahlerich setzte sich zu stark und verkrampfte dabei die Hinterbeine. Da er im Galopp sehr weich sitzen läßt, spürte ich dies nicht sofort. Ich wurde erst von meiner Frau darauf aufmerksam gemacht. Als ich danach eine Pirouette im Bereich des großen Reitbahnspiegels ritt, sah ich die Bescherung mit eigenen Augen. Fortan mußte ich darauf achten, den Galopp vor der Einleitung zur Pirouette nicht zu stark zu versammeln und selbst nicht schwer zu sitzen. Dann fußte Ahlerich normal ab.

Später auf Turnieren ist es mehrfach vorgekommen, daß Ahlerich bei den Pirouetten mit den Hinterbeinen zuckte. Das konnten Schmerzen sein oder nervöse Verspannung. Ich machte mir Sorgen und zog den Tierarzt zu. Doch der konnte nichts feststellen. Heute aus der

Rückschau möchte ich sagen, daß die Ursache in der nervlichen Feinfühligkeit von Ahlerich begründet lag, die sich auch bei anderen Gelegenheiten nachteilig bemerkbar machte.

Der Schritt von der halben zur ganzen Pirouette war nicht weit. Ich brauchte dazu nochmals zwei Wochen mit entsprechenden Pausen. Die ganzen Pirouetten ließen sich mit Ahlerich am besten auf der Mittellinie üben, und zwar in der Nähe des Mittelpunktes. Dort konnte ich gleichzeitig in den Reitbahnspiegel schauen und auf die Hinterbeine achten. Gelang die Einleitung gut, ließ ich Ahlerich die Pirouette ausführen. Stimmte etwas nicht, ging ich in eine kleine Volte über und korrigierte den Fehler dort.

Die Pirouetten auf den Diagonalen übte ich erst, nachdem Ahlerich die Pirouetten auf der Mittellinie sicher beherrschte. Hier tauchten keine neuen Probleme auf. Da der Galopp von Ahlerich auf beiden Händen gleich gut ausbalanciert war, hatte ich mich auch nicht damit zu beschäftigen, daß die Pirouette etwa auf der einen Hand schwieriger auszuführen war als auf der anderen.

Ende November, als der Nennungsschluß für die Halle Münsterland nahte, sagte ich zu meiner Frau: »Morgen reite ich dir die Galopptour aus der S 2 vor.« Gesagt, getan. Die Vorführung gelang. Es war wieder einer von den Tagen, an denen man glaubt, Bäume versetzen zu können (oder besser: an denen die Arbeit in der Anwaltskanzlei wie von selbst von der Hand ging).

Die Trabarbeit auf dem Weg zur Klasse S

In den nächsten drei Wochen gehörte meine Freizeit unseren Starpferden Mehmed und Amadeo. Vom 10.−14. 12. 1976 lud Paris zu internationalen Dressurprüfungen u. a. die bundesdeutsche Olympiamannschaft von Montreal mit den Olympiapferden ein. Klar, daß ich mich darauf besonders vorbereiten wollte. Ahlerich verpaßte in der Zeit nicht viel. Es genügte, wenn er von mir, meiner Frau oder einem der Reiter unseres Stalles bewegt wurde. Er war ein Pferd, dem Pausen besonders gut bekamen. Für seine Nerven war es wichtig, ihm zwischen einzelnen Ausbildungsphasen viel Freiheit zu lassen. Diese bestand darin, daß er lange genug bewegt, aber wenig gearbeitet wurde. Ich konnte für ihn nur solche Reiter – möglichst Reiterinnen – gebrauchen, die nichts anderes taten, als sich von Ahlerich in ruhigem Trab und Galopp tragen zu lassen, bis er faul wurde. Das sah so leicht aus, war aber eine verantwortungsvolle Aufgabe, die Gefühl und Selbstdisziplin erforderte.

Nach Paris begann dann ein neuer Ausbildungsabschnitt. Jetzt sollte die Trabarbeit den Schwerpunkt bilden.

Den Trab wünscht man sich in der Klasse S gegenüber der Klasse M reifer und ausdrucksvoller. Das kommt äußerlich in den Lektionen gegenüber der Steigerung bei den Galopplektionen nicht so zum Ausdruck. Versammelter Trab, Seitengänge und Verstärkungen werden auch schon in der Klasse M verlangt. Lediglich die Zick-Zack-Traversalen kommen in der Klasse S als Ergänzung hinzu. Entscheidend für die Qualität einer Dressurvorführung ist indessen nicht die Tatsache, daß die auf dem Programm stehenden Lektionen richtig geritten werden, sondern die Tatsache, wie sie ausgeführt werden. Das möchte ich an dieser Stelle erneut in Erinnerung rufen.

Auf Ahlerich übersetzt bedeutete dies, den versammelten Trab noch erhabener zu gestalten und die Verstärkungen ohne Veränderung des Taktes noch schwungvoller und raumgreifender herauszuholen. Ahlerich besaß von Natur aus eine große Leichtfüßigkeit. Aufgrund seiner Empfindlichkeit im Rücken und seiner Intelligenz konnte er aber schnell etwas falsch verstehen, sich spannen und davoneilen. Deshalb brauchte er stets eine längere Lösungsphase als unsere anderen Pferde, bis er wirklich zum Schwingen kam. Solange Ahlerich auf treibende Hilfen überempfindlich reagierte, war es sinnlos, starken Trab zu reiten. Er konnte sich dabei so hineinsteigern, daß er unvermittelt in Galopp verfiel und weglief. Mit diesem Problem habe ich noch Jahre zu tun gehabt. Ein Freund sagte mir einmal scherzhaft: »Dein Ahlerich hat den schnellsten Antritt vom starken Trab zum starken Galopp.«

Leichtfüßigkeit und Beweglichkeit in ruhigen Ausdruck umzusetzen, das war die Zielvorstellung für die Trabarbeit von Ahlerich auf dem Weg zur Klasse S. Ein wesentliches Hilfsmittel dafür waren Cavalettis. Ich weiß, daß nur wenige Dressurpferdeausbilder die Arbeit über Bodenricks in ihr Programm mit einbeziehen. Ich persönlich habe aber gerade bei Ahlerich diesbezüglich große Erfolge gehabt. Ich gebe zu, daß es auf Turnieren Rückschläge gegeben hat. Wer jedoch einmal bei mir zu Hause nach einer Lösungsphase über Cavalettis den starken Trab von Ahlerich beobachten konnte, der wird mir recht geben. Sobald Ahlerich aus der Losgelassenheit heraus die treibenden Hilfen zur Verstärkung annahm, trabte er wie ein König, der seinen Zuschauern zeigen wollte: Schaut her, wie ich marschieren kann.

Eine weitere Übung, die Erfolg brachte, war das Traben über längere Strecken auf der Galoppierbahn. Das war jetzt im Winter nicht möglich, blieb aber in meiner Erinnerung haften von der Materialprüfung mit Mindestleistung im September auf dem Turnier der Sieger in Münster. Je länger Ahlerich dort trabte, desto schwingender und ausdrucksvoller kamen seine Bewegungen aus der Schulter heraus. Also war es wichtig, ihn durch lösende Arbeit genügend anzuwärmen, damit er voll aus sich herausging.

Ich ging dazu wieder auf den Zirkel und übte dort jeweils über 15 bis 20 Meter Zulegen und Einfangen im Trab. Dabei bekam ich Ahlerich besser und sicherer an die Hilfen. Ich konnte sogar nach dem Zulegen kurz überstreichen und Ahlerich zu verstehen geben, daß er sich nicht spannen und festmachen, sondern aus schwingendem Rücken heraus seine Möglichkeiten entfalten sollte. Auf dem Mittelzirkel konnte ich manche Tritte im Reitbahnspiegel beobachten. Welch ein prächtiger Anblick. Welch ein herrliches Gefühl konnte Ahlerich vermitteln, wenn er seinen Bewegungsmechanismus voll ausspielte.

Erst danach und ganz zum Abschluß der Ausbildungsstunde ließ ich Ahlerich ein- oder zweimal die lange Seite hinunter bzw. durch die Diagonale marschieren. Es kam genau der Trab heraus, den man sich wünschte. Lange Zeit habe ich mir bei Ahlerich den Merksatz eingeprägt: Wenn du beim Zulegen an der Mitte der langen Seite überstreichen kannst, ohne daß sich Takt und Haltung verändern, ist der Trab in Ordnung.

Es war zwischen Weihnachten und Neujahr, als ich meiner Frau die Dressuraufgabe S 2 vorritt. Ausdruck und Schwung waren so, wie wir uns das vorstellten. Die Galopptour gelang ohne grobe Lektionsfehler. Nur der »Kleinkram« mußte bis zum Turnier noch sorgfältiger ausgefeilt werden. Darunter verstehe ich in der S 2 das korrekte Halten, die Schaukel (6 Tritte rückwärts, 4 Schritte vorwärts, 4 Tritte rückwärts) und die halben Schritt-Pirouetten. Das ist im wesentlichen Fleißarbeit, die man zwischendurch miterledigt, um die Durchlässigkeit, den Gehorsam und die Geschmeidigkeit zu verfeinern.

Ahlerich – unser neues S-Pferd

Wir beschlossen, den S-Start auf dem Januar-Turnier in der Halle Münsterland zu riskieren. Es gab dazu Konkurrenz aus dem eigenen Stall, denn außer Ahlerich konnte der inzwischen 8jährige Amadeo in der gleichen Prüfung starten.

Als Einlaufprüfung fand in der Anlage der Westfälischen Reit- und Fahrschule eine M-Dressur für Nachwuchspferde statt. Es war kalt. Die Pferde mußten aus der Abreitehalle durchs Freie in die Wettkampfhalle geritten werden. Das behagte Ahlerich gar nicht. Er fror und spannte sich. Die Richter bemerkten dies natürlich und setzten ihn auf den 8. Platz. Sein Stallgefährte, der ebenfalls erst 6jährige Feuerdorn, den wir einige Wochen zuvor gekauft hatten, gewann die Prüfung. Er war in seinem Temperament viel ausgeglichener als Ahlerich und ließ sich die Kälte nicht anmerken.

Für den nächsten Tag war ich vorgewarnt. Allerdings wurde die S-Dressur in der Halle Münsterland selbst durchgeführt, die geheizt war. Aus der Abreitehalle konnte man direkt bis zur Haupthalle durchreiten. Ich wollte auf Nummer Sicher gehen. Deshalb stand ich früh auf und zeigte Ahlerich vor Prüfungsbeginn die Arena. Es war nicht die Sorge, daß er scheuen würde. Damit habe ich bei ihm nie Last gehabt. Aber ich wollte prüfen, wie gelassen er in der großen Halle war, um danach mein Abreiten auszurichten.

Ahlerich benahm sich, als würde er täglich in dieser Halle geritten. Ich übergab ihn alsbald seiner Pflegerin Claudia Rosner und kümmerte mich um Amadeo, den ich nach der Startfolge vor Ahlerich zu reiten hatte. Die Vorführung auf Amadeo gelang ohne Patzer. Er gewann die

Abb. 10. Halle Münsterland 1977: Mit Schwung und erstaunlicher Sicherheit wurde Ahlerich auf Anhieb Dritter in der Klasse S.

Abb. 11 (vorige Seite). Traumnoten erhielt Ahlerich beim Turnier der Sieger in Münster 1979 sowohl im Grand Prix als auch im Grand Prix Special.

Abb. 12 (oben). Die verhinderten Olympiasieger von Moskau. Mit 129 Punkten Vorsprung gewann die deutsche Mannschaft die Mannschaftsprüfung beim Internationalen Dressurfestival in Goodwood 1980 vor der Schweiz und Dänemark. Von rechts nach links: Equipe-Chefin Liselott Schindling-Rheinberger, Ahlerich, Uwe Schulten-Baumer mit Slibovitz, Uwe Sauer mit Hirtentraum, Anton Fischer, Vorsitzender des Dressurausschusses im DOKR.
Zum Vergleich: Die siegreiche russische Olympia-Mannschaft von Moskau hatte mit 4383 Punkten genau 584 Punkte weniger als die siegreiche deutsche Mannschaft in Goodwood.

Abb. 13 (rechts). Ein Mißgeschick in Aachen vor dem Grand Prix brachten Reiter und Pferd auf dem Abreiteplatz vorübergehend in Verwirrung. Nach einer Parade aus dem starken Trab (a) rutscht Ahlerich hinten weg (b) und kommt zu Fall. Voller Mitgefühl schaut Josef Neckermann zu, wie Pflegerin Claudia Rosner Reiter und Pferd wieder zusammen bringt und für Beruhigung sorgt (c, d).

Prüfung, was seiner Klasse und seinem Ausbildungsstand entsprach. Nun konnte ich mich unbeschwert Ahlerich widmen. Er schien meine gute Laune zu spüren und fühlte sich fast noch besser an als zu Hause. Ahlerich brauchte und suchte die Harmonie mit seinem Reiter. Dann hatte er eine Ausstrahlung, die auf die Zuschauer übergriff.

In der Aufgabe selbst unterliefen keine Lektionenfehler. Die Vorführung wurde mit der Wertnote 7,1 (= ziemlich gut) bewertet. Das bedeutete den 3. Platz. Wir hatten ein neues S-Dressurpferd herausgebracht. Die Freude darüber im Hause Klimke brauche ich wohl nicht näher zu beschreiben.

Am nächsten Tag konnte man in der Berichterstattung über diese Prüfung nachlesen:

> Das jüngste aller startenden Pferde, der 6jährige Ahlerich, wurde von Dr. Klimke sehr gut vorgestellt und zeigte schon herrliche Lektionen. Die Grundgangarten und die schwierigen Pirouetten gelangen glänzend. Alle Richter und Fachleute bescheinigen diesem Pferd, das seine erste S-Dressur ging, eine große Zukunft.

Keine weiteren Starts mehr im Winter 1977

Der Erfolg in der Halle Münsterland machte uns nicht übermütig. Dafür wußte ich zu genau, daß Ahlerich noch viel Zeit brauchte, um alles zu verdauen, was er von September bis Januar gelernt hatte. Für die weiteren Hallenturniere gab ich deshalb keine Nennung ab. In Bremen und Dortmund war ich mit Mehmed und Amadeo gut genug beritten.

Bis Ende Januar überließ ich Ahlerich wieder meiner Frau. Sie sollte ihn nur ruhig bewegen und viel lösende Übungen reiten. Ahlerich war für seine Größe immer noch reichlich schlank. Ein paar Pfunde mehr würden ihm sicher gut stehen. Wir ließen uns von unserem Tierarzt und von unserem Futterlieferanten beraten. Beide stimmten sich miteinander ab und stellten einen Futterplan auf, in dem außer Hafer, Heu und Stroh als Zusatz Vitamine und Kleie enthalten waren. Ahlerich fraß nicht gern große Portionen. Also gab Claudia Rosner ihm mehrmals am Tag kleine Rationen.

Die Freßlust eines Pferdes ist häufig davon abhängig, wie ruhig und wie lange das Pferd täglich bewegt wird. Bewegung regt den Appetit an. Arbeit, die mit viel Aufregung verbunden ist, hemmt die Freßlust. Je empfindlicher das Pferd ist, desto mehr wirkt sich das aus. Bei Ahlerich habe ich dies besonders zu spüren bekommen.

Auf der Rückfahrt vom Hallenturnier in Bremen waren meine Frau und ich glücklich über die errungenen Erfolge. Mehmed hatte den Grand Prix de Dressage gewonnen, meine Frau auf Privatier eine Dressur Klasse S. Wir machten Pläne für die Arbeit mit den jungen Pferden, die zu Hause geblieben waren. Ich ließ mir noch einmal berichten, wie sich Ahlerich in den Wochen seit Münster benommen hatte. Wir verabredeten, daß ich vom nächsten Tage an die

Abb. 14. Aachen 1981. Ahlerichs besondere Stärke: seine vorbildlichen Passagen und Piaffen.

Ausbildung mit ihm fortsetzte. Die Turnierpferde von Bremen hatten ohnehin Ruhe verdient.

Recht übermütig zeigte Ahlerich an den folgenden Tagen, wie gut ihm die Zeit mit meiner Frau bekommen war. Ich mußte mich sehr beherrschen, um nicht ungeduldig zu werden.

In der Reithalle des Reitervereins St. Georg Münster gibt es an der kurzen Seite eine große Tür, die zur Wetterseite liegt. Bei entsprechendem Wind macht sich dies bemerkbar, und Ahlerich fand einen willkommenen Anlaß, sich jedesmal zu spannen, wenn er an der Tür vorbeiging. Ich ließ mir zunächst nichts anmerken und ging der Störung aus dem Weg, indem ich während der Lösungsphase vornehmlich den Zirkel auf der gegenüberliegenden Reitbahnseite benutzte.

An den nächsten Tagen blieb ich zum Lösen gleich auf dem unteren Zirkel. Ich erreichte aber nur, daß Ahlerich dort brav ging. Jedes Mal, wenn ich auf die ganze Bahn wechselte, verspannte er sich schon ab Mitte der langen Seite und schaute zur Tür. Ich war ziemlich sicher, daß sich das in einigen Tagen geben würde und ließ mich nicht provozieren. Doch meine Geduld währte nicht lange genug, zumal ich oft abgehetzt zwischen zwei Terminen zum Reiten kam und mit meinen Gedanken noch halb im Büro war. So kam es, daß mir eines Mittags die Nerven durchgingen, als Ahlerich zum wiederholten Male nur in Schwebetritten an der Reitbahntür der kurzen Seite vorbeizukriegen war. Ich beschloß, ihn jetzt extra zu spannen und zur Strafe mit fest anliegenden Schenkeln und fest angenommenen Zügeln so lange an der Tür vorbeizureiten, bis er nachgeben würde. Dazu legte ich in der Nähe der Tür im Arbeitstrab eine große Volte an.

Das Ergebnis war ein Fehlschlag. Ahlerich wurde ärgerlich. Er ließ sich zwar an der Tür vorbeizwingen, legte aber die Ohren an und spannte sich nur noch mehr. Für den Anfang hatte ich dies erwartet. Doch hatte ich gleichzeitig damit gerechnet, daß er bald nachgeben würde. Diesen Gefallen tat er seinem Reiter jedoch nicht. Im Gegenteil: Sobald ich den Anzug der Zügel etwas lockerte, sprang er an der Tür weg. Ich mußte die Volten abbrechen und wieder auf die ganze Bahn gehen. Mit Gewalt war Ahlerich nicht beizukommen.

An sich hätte ich dies vorher wissen müssen. Ein so intelligentes Blutpferd wie Ahlerich kann man nur überlisten, aber zu nichts zwingen. Wenn man das trotzdem versucht, riskiert man allenfalls, daß sein Körper Schaden nimmt und seine Persönlichkeit, seine Ausstrahlung, ja der ganze Ausdruck seiner Bewegungen erschlafft. Ich hatte an diesem Tag nicht mehr viel Zeit und mußte ins Büro zurück. Ich ließ ihn deshalb trocken führen. Am Abend besprach ich das Erlebnis mit meiner Frau. Das beruhigte. Wir waren uns einig, daß es besser war, Ahlerich beim Lösen entgegenzukommen und es weitgehend zu ignorieren, wenn er sich an der Reitbahntür spannte.

Ähnliche Situationen wird fast jeder Reiter erlebt haben. Je nach Temperament reagieren Pferde auf Geräusche unterschiedlich. Meist ist es die Angst vor dem Unbekannten, die den Ungehorsam verursacht. Mit Bolzen und kräftigen Hilfen kann diese Angst nicht vertrieben werden. Man kann das Pferd damit wohl noch mehr verschüchtern und – je nach Intelligenzgrad – so unterdrücken, daß es kadavergehorsam wird. Die Furcht bleibt aber und wird erneut zum Ausbruch kommen, wenn sich das Pferd erholt und seine Frische wiedererlangt hat. Deshalb empfiehlt es sich, geräuschempfindlichen Pferden Vertrauen entgegenzubringen. Das hat mit Schwäche nichts zu tun. Natürlich sollen die Hilfen des Reiters in diesen Augenblicken bestimmt sein. Sie sollen aber stets begleitet werden von beruhigenden Worten und Gesten des Reiters, die dem Pferd anzeigen, daß ein Grund zur Beunruhigung in Wirklichkeit nicht besteht. Wer so das Vertrauen seines Pferdes gewinnt, braucht die Turnieratmosphäre und die damit verbundenen fremden Einflüsse kaum zu befürchten.

Es gibt auch Pferde, die nur den geringsten Anlaß suchen, um Ungehorsam zu zeigen. Mit ihnen muß man strenger umgehen, damit man nicht zum Spielball ihrer Launen wird. Im einzelnen kann nur das Reitergefühl die Antwort geben, ob das Pferd den Reiter testen will oder ob es tatsächlich Angst hat.

Auf Ahlerich bezogen brachte der Türenkomplex in unserer Reitbahn eine Nebenerkenntnis zutage, die mein Vertrauen in seine Zukunft als Dressurpferd weiter bestärkte: Ich konnte ihn mit etwas Geschick in der Nähe der Tür aus seiner Spannung heraus zu passageartigen Tritten verleiten, die seine enorme Beweglichkeit und Möglichkeiten für eine spätere ausdrucksvolle Passage erkennen ließen. Ich fühlte bereits jetzt, daß die Lektionen der höchsten Versammlung in der Piaffe und Passage für Ahlerich später kein ernstes Problem werden würden. Mit dieser Erkenntnis konnte ich beruhigt darauf verzichten, mich jetzt zum Schluß des Winters bereits diesen Übungen zu widmen.

Ahlerich lernt die A-Tempo-Wechsel

Als Ausbildungsziel bis zum Frühjahr 1977 setzte ich mir die Fortsetzung der Galopparbeit bis zu den fliegenden Galoppwechseln von Sprung zu Sprung. Ahlerich war durch die Konditionsarbeit unter meiner Frau und die gute Fütterung nach dem neuen Futterplan wesentlich kräftiger geworden. Man konnte ihn jetzt ruhig vor neue Aufgaben stellen, die systematisch an das bisher Erlernte anschlossen. Er wartete förmlich darauf. Die bis dahin geübten Galoppwechsel bis zu 2 Tempi führte er gern und mit großer Leichtigkeit aus. Es lag für mich deshalb nahe, dort weiterzumachen und mit ihm die fliegenden Galoppwechsel von Sprung zu Sprung einzuüben.

Die Reiterhilfen für A-Tempo-Wechsel

Ein Reiter, der sich dieser Aufgabe stellt, muß nicht nur die Technik der Hilfengebung beherrschen. Er muß auch viel Feingefühl dafür entwickeln, wann und wieviel 1-Tempo-Wechsel er fordert, um dem Pferd die Lektion sicher beizubringen. Ich will versuchen, dies näher zu erklären. Die Hilfen für die 1-Tempo-Wechsel müssen ziemlich rasch gegeben werden, und zwar genau einen Takt schneller als die Hilfen für die 2-Tempi-Wechsel. Das bringt am Anfang meistens Unruhe mit sich, denn es muß nicht nur der Reiter schnell schalten, sondern auch das Pferd. Da dem Pferd die 1-Tempo-Hilfe noch unbekannt ist, gibt der Reiter sie zunächst recht deutlich. Sobald das Pferd den ersten Wechsel ausführt, setzt der Reiter bereits zur Hilfe für den zweiten Wechsel an. Sonst kommt er zu spät. Die zweite Hilfe wird so bestimmt gegeben, daß das Pferd auch tatsächlich sofort wieder umspringt.

Wenn wir zum Beispiel auf der linken Hand im Linksgalopp galoppieren, treiben wir das Pferd mit dem äußeren, also dem rechten Schenkel nach vorn und legen zum Wechsel nach rechts den linken Schenkel in dem Augenblick vermehrt an, in dem das Pferd den linken Vorderfuß aufsetzt. Unterstützend gibt der Reiter dem Pferd mit den Zügeln eine leichte Stellung nach rechts in die Richtung des Galoppwechsels von links nach rechts. Sofern das Pferd die Hilfe für den fliegenden Galoppwechsel kennt, müßte es jetzt von links nach rechts umspringen.

Nun kommt es darauf an, den richtigen Moment für die Hilfe zu erfühlen, die den sofortigen Wechsel von rechts nach links zurück gewährleistet. Diese Hilfe gibt man zum Einüben der ersten 1-Tempo-Wechsel ein wenig kräftiger als die erste Hilfe. Sobald das Pferd in dem Galoppwechsel von links nach rechts den rechten Vorderfuß aufsetzt, nimmt der Reiter den rechten Schenkel vermehrt heran und gibt dadurch den Impuls für den Wechsel von rechts nach links, der wiederum begleitet werden kann von einer leichten Zügelhilfe in die neue Richtung nach links.

Der Oberkörper des Reiters bleibt bei der ganzen Aktion am ruhigsten. Der Reiter macht sich nicht schwer, sonst drückt er mit seinem Gewicht das Pferd herunter und verhindert den Wechsel. Deswegen sehen wir zuweilen Reiter, die bei den Wechseln von Sprung zu Sprung fast im Sattel aufstehen, was natürlich nicht schön aussieht und anzeigt, daß die volle Sicherheit noch nicht erreicht ist. Ähnliches gilt für das übertriebene Umlegen der Schenkel und Umstellen mit den Zügeln in die jeweils neue Richtung. Nur muß man wissen, daß dort die Hilfen ihren Ursprung haben und erst nach und nach mit fortschreitender Meisterschaft immer feiner und unsichtbarer werden.

Mit zwei A-Tempo-Wechseln anfangen

Ahlerich brauchte bei den Galoppwechseln von Anfang an wenig Hilfen. Er gehört zu den Pferden, die eher überempfindlich reagieren und deshalb auf die Hilfen gewissermaßen erst etwas faul gemacht werden müssen. An dem ersten Tag, an dem ich mich entschloß, mit dem Einüben der 1-Tempo-Wechsel zu beginnen, wartete ich bis zum Ende der Reitstunde. Ich fühlte mich im Rechtsgalopp sicherer als links und galoppierte darum auf der rechten Hand. Um genügend Platz zu haben, ging ich auf den dritten Hufschlag. Dort ritt ich erst eine lange Seite fliegende Wechsel zu 2 Tempi. Das gelang ruhig und sicher. Jetzt konnte ich von der Vorbereitung her die ersten 1-Tempo-Wechsel wagen. Ich wartete bis fast am Ende der langen Seite, frischte den Galoppsprung bis zum Arbeitstempo auf, gab eine kurze halbe Parade und dann nacheinander zwei Galoppwechselhilfen von rechts nach links und von links nach rechts. Ahlerich reagierte sofort und wechselte zweimal hintereinander. Ich war darüber so froh, daß ich ihn sofort mit der Stimme lobte und durchparierte. Mein lautes »brav« kam bei Ahlerich aber falsch an. Ich hatte die ganze Sache offensichtlich zu spannend gemacht. Das löste bei ihm Mißtrauen aus. Er legte die Ohren zurück, als wollte er fragen: »Was ist los?«

Ich beschloß, die Übung an der gleichen Stelle zu wiederholen. Nur hatte ich diesmal die Rechnung ohne mein Pferd gemacht. Ahlerich wußte längst Bescheid. Noch bevor ich das Ende der langen Seite erreichte, legte er sich auf die Hand und ging ab. Zur Galoppwechselhilfe kam ich gar nicht. Also mußte ich meine Taktik ändern. Ich ritt Zirkelverkleinern und

-vergrößern im Galopp und kam dadurch wieder richtig zum Treiben. Dann ging ich erneut auf die ganze Bahn, etwas vom Hufschlag nach innen entfernt, und gab die Hilfen für 1-Tempo-Wechsel zu Beginn der langen Seite. Das klappte gut, und ich parierte Ahlerich wiederum sofort zum Schritt durch, lobte ihn diesmal aber nicht mehr so deutlich, mehr nach dem Motto:»Na also.«

Mit Mehmed, Dux oder Arcadius hätte ich jetzt die gleiche Lektion noch zwei- bis dreimal wiederholt. Bei Ahlerich traute ich mich nicht, weil ich Angst hatte, ich könnte mit ihm in einen Kampf geraten. Ich ließ es für diesen Tag lieber gut sein und berichtete am Abend beim Essen meiner Frau, was ich erlebt hatte.

Der Plan für die nächsten Tage war, möglichst kühl an die Galoppwechsel heranzugehen und sich als Reiter die Wichtigkeit wenig anmerken zu lassen. Darauf sprach Ahlerich an. Er erwartete von seinem Reiter, daß dieser die Führung mit der gleichen Unbefangenheit und Selbstverständlichkeit übernahm, die das Pferd selbst auszeichnete.

Ich ritt die 1-Tempo-Wechsel – und zwar jeweils zwei hintereinander – an der langen Seite nicht mehr an einer bestimmten Stelle, sondern dort, wo sie sich gerade anboten. Dabei zählte ich für mich im Rhythmus der Hilfe mit: »Eins, zwei« und galoppierte weiter bis zum nächsten: »Eins, zwei«. Das gelang meistens einmal im ersten Teil der langen Seite und ein weiteres Mal im zweiten Teil der langen Seite. Manchmal gelang es sogar ein drittes Mal etwa in der Mitte der langen Seite.

Hierfür kann man kein genaues Rezept verschreiben. Wie schnell ein Pferd die Galoppwechsel von Sprung zu Sprung lernt, hängt von so vielen Faktoren ab, daß man dies zeitlich kaum festlegen kann. Empfindliche Pferde haben den Vorteil, daß sie rasch begreifen, dafür können sie aber auch schnell durchdrehen. Faule Pferde müssen ganz anders gearbeitet werden. Bei ihnen ist es wichtig, sie empfindsam genug auf die Reiterhilfen abzustimmen. Das Tempo wird mehr nach vorwärts verlegt und der Schwung erhöht, um das Wechseln zu erreichen. Bei allen Typen ist Voraussetzung für das Gelingen von 1-Tempo-Wechseln, daß der Galoppsprung genügend versammelt und in die Luft gebracht werden kann. Pferde mit flachem Galoppsprung, die zuvor nicht gelernt haben, sich zu tragen und auszubalancieren, lernen unter Umständen die 1-Tempo-Wechsel überhaupt nicht.

Ich hatte bei Ahlerich das Glück, ein Pferd mit hervorragender Galoppade und hoher Intelligenz zu besitzen. Hier konnte nur der Reiter Fehler machen. Das Pferd hatte die 1-Tempo-Wechsel von Natur aus drin. Es dauerte deshalb auch nicht lange, bis ich den Mut aufbrachte, nach zwei Einer-Galoppwechseln am Beginn der langen Seite etwa in der Mitte vier Einer-Wechsel abzufragen und gegen Ende der langen Seite wieder zwei Einer-Wechsel anzuhängen.

Das war im März vor dem Turnier in der Dortmunder Westfalenhalle. Ich mußte mich wieder auf Mehmed konzentrieren und ihn für die dortigen Starts vorbereiten. Ahlerich vertraute ich in dieser Zeit meiner Frau an mit dem Plan: »Nach Dortmund üben wir die 1-Tempo-Wechsel weiter.«

Es ist für den Ausbilder gewiß ein großer Vorteil, wenn er die Möglichkeit hat, auf einem ausgebildeten Dressurpferd die Galoppwechsel von Sprung zu Sprung nach Belieben reiten zu können, bevor er sich daran begibt, einem Nachwuchspferd diese Lektion beizubringen. Das schult die Sicherheit in der Hilfengebung und beflügelt auch den Reiter ganz anders. Nach dem Hallenturnier in Dortmund im März 1977 war ich persönlich so stark motiviert, daß alle Voraussetzungen für ein baldiges Gelingen mehrerer Galoppwechsel von Sprung zu Sprung hintereinander mit dem jungen Ahlerich gegeben waren. Zunächst übte ich einige Tage gegen Schluß der Reitstunde jeweils zwei 1-Tempo-Wechsel an beliebiger Stelle der langen Seite, gerade so, wie es paßte. Die Hilfen wurden feiner, um die Wechsel fast spielerisch herauszubringen. Es zeigte sich, daß die Pause über das Turnier in Dortmund von Vorteil war. Ahlerich hatte sich die 1-Tempo-Hilfe gut eingeprägt. Mir kam es vor, als hätten wir die Lektion schon immer geritten.

Ich habe diese Erfahrung auch mit anderen Pferden gemacht und sie mir zu einem wichtigen Grundsatz werden lassen, auf den ich hier verweisen möchte: Immer dann, wenn ein Pferd eine Hilfe oder eine bestimmte Lektion im Ansatz gelernt hat, sollte der Reiter eine Pause einlegen und für einige Tage oder Wochen bewußt etwas anderes reiten. Wenn er dann zu der Lektion zurückkehrt, wird er feststellen, wieviel einfacher die weitere Ausbildung vonstatten geht.

Aus zwei A-Tempo-Wechseln werden 15

Bei Ahlerich bewährte sich dieser Grundsatz aufs neue. Die 1-Tempo-Hilfe hatte sich gesetzt. Ich konnte spielend zwei 1-Tempo-Wechsel reiten, und zwar auf beiden Händen an beliebiger Stelle der langen Seite. Jetzt war der Augenblick da, um mehrere Einer-Wechsel zu versuchen. Das Ziel waren sechs 1-Tempo-Wechsel an der langen Seite. Ich leitete sie ein durch zwei 1-Tempo-Wechsel zu Beginn der langen Seite. Das war gewissermaßen der Maßstab für das weitere Vorgehen. Gelangen sie gut, konnte ich in der Mitte mutig sein und mehr verlangen. Schlich sich eine Unsicherheit ein, blieb es bei jeweils nur zwei 1-Tempo-Wechseln. Ich versuchte, selbst möglichst ruhig zu bleiben und die Sache für Ahlerich nicht zu spannend zu machen. Das zahlte sich aus: Auf Anhieb gelangen in der Mitte sechs Galoppwechsel von Sprung zu Sprung. Ich hätte sogar noch mehr geschafft, wenn ich die Hilfe beibehalten hätte. Doch so galoppierte ich glücklich weiter und hängte am Ende der langen Seite lässig noch zwei 1-Tempo-Wechsel an. Der Knoten war durchgeschlagen.

Es dauerte nun keinen Monat mehr, bis aus den sechs 1-Tempo-Wechseln acht, zehn und mehr wurden. Das war jetzt nur noch eine Gedulds- und Zeitfrage. Einen Sicherheitsanker benutzte ich aber weiter: Bevor ich mehrere 1-Tempo-Wechsel verlangte, ritt ich zur Kontrolle am Beginn der langen Seite erst zwei 1-Tempo-Wechsel, ordnete erneut den Galoppsprung und ging dann zu mehreren 1-Tempo-Wechseln über. Ich hatte diese Methode vorher aus den Erfahrungen mit anderen Pferden ausprobiert und war damit erfolgreich gewesen. Der letzte Schritt, nämlich die beiden Sicherheits-1-Tempo zu Beginn wegzulassen, war ebenfalls nur noch eine Frage der Zeit. Irgendwann Ende April konnte ich auf Ahlerich die 1-Tempo-Wechsel an der langen Seite in beliebiger Zahl reiten. An einem Sonntag morgen wurde es der Familie und den Freunden vorher angekündigt. Nach der »Vorführung« gab es einen gemütlichen Frühschoppen, in dessen Verlauf natürlich dem Prahlen keine Grenzen gesetzt waren.

Auch das gehört zu den Schlüsseln des Erfolges bei der Ausbildung eines Dressurpferdes: sich begeistern zu können. Ich habe meine Erfolge nicht nur meinem Ehrgeiz zu verdanken, etwas Gutes zu leisten. Der eigentliche Schwung kommt aus der großen Freude und

Dankbarkeit gegenüber dem Pferd, wenn es die Reiterhilfen annimmt und in die gewünschten Bewegungsabläufe umsetzt.

Es war jetzt nur noch eine Frage des Reitergeschicks, die Galoppwechsel von Sprung zu Sprung von der langen Seite in die Diagonale zu verlegen, wo sie im Grand Prix de Dressage verlangt werden. Ich verzichte darauf, dies im einzelnen zu beschreiben, denn die eigentliche Ausbildung der A-Tempo-Wechsel war mit dem Gelingen an der langen Seite auf beiden Händen geschafft. Die danach folgende Feinabstimmung für die vorgeschriebenen Lektionen in Dressuraufgaben ist eine Arbeit, die den Reiter so lange begleitet, wie er mit seinem Pferd im Sport auftritt. Immer wieder steht er vor dem Problem, sich sorgfältig auf den einzelnen Start oder Schauauftritt vorzubereiten. Das ist die große Unbekannte in der Zusammenarbeit zwischen Reiter und Pferd. Man weiß vorher nie genau, welche äußeren Einflüsse die Harmonie beeinträchtigen und dann die volle Leistungsfähigkeit nicht zur Entfaltung kommen lassen. Wenn es anders wäre, wüßte man die Rangfolge der Plazierung im voraus, und der Reiz des Wettkampfes wäre verloren.

So verging die Zeit bis Ostern 1977. Ahlerich beherrschte nun das volle Dressurprogramm bis auf Piaffe und Passage. Für die gerade erst zweijährige Ausbildungzeit war dies reichlich. Ich beschloß deshalb, zunächst nichts Neues zu versuchen, sondern wollte auf Turnieren in Klasse M und S das bislang Erlernte festigen. Beim Studium der Turnierausschreibungen für die Monate Mai und Juni 1977 bot sich aber leider kein Start an. Für Anfang Mai erhielten wir eine Einladung nach England zum CDI Goodwood. Hier galt Mehmed für die große und Amadeo für die kleine Tour eindeutig der Vorzug. Für Ahlerich wäre das noch zu früh gewesen.

Nach Goodwood folgten im Mai das Hamburger Derby und das Pfingstturnier in Wiesbaden mit der ersten Vorbereitungsprüfung auf die Europameisterschaften im Herbst in St. Gallen/Schweiz. Mit einer Woche Zwischenpause standen danach im Juni die Deutschen Meisterschaften in Berlin und das CHIO Bad Aachen auf dem Programm. Es ging also sozusagen einer fast ununterbrochenen Mai-Juni-Saison entgegen. Da mußte Ahlerich zurückstehen, zumal Mehmed als Nr. 1 im Stall gegen Abschluß seiner Laufbahn noch einmal alle Aufmerksamkeit verdient hatte. Meine Frau war mit Sekur und Privatier in beiden Touren ebenfalls gut beritten. Also blieb für Ahlerich kein Platz.

Kein Sommerstart für Ahlerich bis nach Aachen

Die Situation brachte es mit sich, daß Ahlerich vorübergehend etwas stiefmütterlich behandelt wurde. Meine Frau konzentrierte sich auf die Starts mit Sekur und Privatier. Ich selbst hastete – wie üblich – zwischen Büro und Stall hin und her, wo Mehmed und Amadeo Vorrang hatten. Nur was dann noch an karger Zeit übrigblieb, galt Ahlerich. Mal ritt ihn meine Frau, mal ich selbst, wie es sich gerade zeitlich ergab. Viel mehr als Bewegungsarbeit kam nicht dabei heraus. Nun war Ahlerich ja noch nicht viel im Gespräch und verpaßte eigentlich nichts, wenn er als Sechsjähriger wenig hinauskam. Trotzdem hatte ich ein schlechtes Gewissen und beschloß, ihn mit nach Aachen zu nehmen, um ihn dort eine Woche lang auf den Trainingsvierecken sorgfältig reiten zu können.

Das Turnier in Aachen 1977 wurde für uns Klimkes zu einem traurigen Ereignis. Nach einem schönen Grand Prix-Sieg in Goodwood hatte Mehmed in Berlin bei den Deutschen Meisterschaften an Frische nachgelassen. In Aachen setzte sich dies fort. Mehmed hatte seinen Höhepunkt überschritten. Wer nachfühlen kann, was mich mit diesem Pferd verbindet, von dem man einst gesagt hatte, es würde nie ein Olympiapferd, kann vielleicht verstehen, was in diesen Tagen in mir vorging. Ich zögerte nicht lange und beschloß nach dem Grand Prix Special am Sonntag morgen spontan, den Abschied von Mehmed aus dem Turniersport zu verkünden. Weder meine Frau noch Mehmeds treue Pflegerin, Claudia Rosner, hatte ich vorher befragt. Um so größer war die Überraschung. Es gab einen würdigen Abschied im ausverkauften Aachener Reiterstadion. Tränen flossen, derer wir uns nicht schämten.

Während draußen spekuliert wurde: »Nimmt Klimke mit Mehmed Abschied vom Reitsport?«, nutzte ich die Mittagspause zur Ablenkung, indem ich nach Schluß der Prüfungen mit Ahlerich auf dem Wettkampfviereck ganz für mich allein ritt, um auf andere Gedanken zu kommen. Kein Zuschauer war anwesend. Nach einiger Zeit kam, für mich zunächst unbemerkt, mein Freund Dr. Jötten, der in Aachen die Organisation des Dressurprogramms innehat. Er beobachtete mich eine Weile, bevor er mich ansprach: »Reiner, wer ist das denn?« Ich antwortete nur: »Ahlerich.« Dann ritt ich alles, was Ahlerich bis dahin konnte. Es geschah aus einer Eingebung heraus, die ich nicht näher beschreiben kann. Zum Schluß marschierte ich zur Grußaufstellung auf und sah das staunende Gesicht meines Freundes. »Ich könnte heulen«, sagte er, »eben noch Mehmed zum Abschied im Grand Prix Special und jetzt dieses junge Pferd.« Ich mußte selbst meine Regung unterdrücken, versuchte ein Lächeln und ritt in den Stall zurück.

»Jetzt kommt Ahlerich an erster Stelle, wir nehmen die Herausforderung an.« Das waren meine Gedanken an diesem Tag. Der Rückweg nach Hause verlief schweigsam. Er gehörte innerlich Mehmed und dem Dank für seine mehr als zehnjährige Treue.

Das ganze Ausmaß des Abschieds von Mehmed wurde mir erst an den folgenden Tagen bewußt, als ich die Zeitungsberichte las und feststellen mußte, daß ich gleichzeitig aus dem großen Sport abgetreten war. Ohne Ahlerich wäre ich wahrscheinlich ganz zurückgetreten. Die ständige Belastung von Beruf und Sport war ohnehin nur zu ertragen, solange man siegte. Berufskollegen sprachen mich angesichts der Zeitungsmeldungen über den Abschied von Mehmed an und meinten: »Nun hör doch endlich auf und laß es ruhiger gehen.« Sie hatten ja recht. Nur hatte ich Ahlerich im Stall, und den konnte ich nicht einfach fallenlassen.

Ahlerichs erster S-Sieg im Juli 1977

Vor Aachen hatte ich für Ahlerich verschiedene Nennungen für den Monat Juli abgegeben. Turniere mit einfachen M- und S-Prüfungen in Lüdinghausen, Freudenberg, Gevelinghausen und Niederzeuzheim sollten die Routine festigen und zeigen, wie er bei den verschiedensten

Abb. 15. Genau zwei Jahre nach dem mißglückten Start in der Materialprüfung in Niederzeuzheim gewann Ahlerich dort 1977 mit großem Punktvorsprung seinen ersten St. Georgs-Preis.

Preisrichtern ankommen würde. Es erübrigt sich, den Unterschied von Aachen und Lüdinghausen zu beschreiben. Ich war wieder einer von vielen Startern innerhalb der großen Familie unserer deutschen Dressurreiter. In Lüdinghausen gewann Ahlerich überlegen die M-Dressur. In Freudenberg wurde er hinter dem routinierten Amadeo zweimal Zweiter im St. Georgs-Preis und in der Intermédiaire-Dressur.

In Gevelinghausen am 31. 7. 1977 gelang der erste Sieg in einer Dressurprüfung der Klasse S. Das war für Außenstehende nichts Besonderes. Schließlich endet jede Dressurprüfung normalerweise damit, daß einer Sieger wird. Es war auch kein glanzvoller Sieg gegen eine große Konkurrenz. Die Konkurrenz kam vielmehr mit Privatier unter meiner Frau aus dem eigenen Stall. Trotzdem freuten wir uns sehr über den ersten S-Sieg unseres sechsjährigen Ahlerich. Es war ein weiterer Meilenstein auf dem Weg zur Spitze.

Am nächsten Wochenende folgte der zweite S-Sieg von Ahlerich, diesmal in Niederzeuzheim. Dort fand für die Großen die letzte Vorbereitung auf die Europameisterschaft der Dressurreiter in St. Gallen statt. Den Nachwuchspferden waren der St. Georgs-Preis und die Intermédiaire-Dressur vorbehalten. Ahlerich gewann den St. Georgs-Preis mit einem Vorsprung von über 50 Punkten. Dieser Sieg unter den Augen vieler Fachleute galt etwas. Man sah Ahlerich erstmals in der Gesellschaft mit den besten Nachwuchspferden jener Zeit. Und er bestand diesen Vergleich mit Glanz. Auf dem Heimweg waren meine Frau und ich uns einig: Ahlerich wird bald ein würdiger Nachfolger von Mehmed.

Der Anfang von Piaffe und Passage

Durch die Erfolge auf den Juli-Turnieren war mein Ehrgeiz neu entfacht. Bis Anfang September stand kein neues Turnier auf dem Programm. Ich beschloß deshalb, die Zwischenzeit zu nutzen und mit der Ausbildung von Piaffe und Passage zu beginnen.

Es gibt keine feste Regel, in welchem Alter des Pferdes mit der Piaffe- und Passagearbeit angefangen werden sollte. Das kann durchaus schwanken und hängt von dem erreichten Ausbildungsstand des Pferdes ab. Ich habe schon Pferde im Alter von 5 Jahren in halben Tritten vorwärtsgeritten und sie so an die Piaffe herangeführt, wie z. B. Arcadius, der 1962 als 7jähriger unter mir in Rotterdam das Europachampionat der Dressurreiter gewann. Arcadius ging allein unter mir zehn Jahre im Sport, wurde dann nach Amerika verkauft und diente dort weitere Jahre als Lehrpferd.

Mit Dux hingegen habe ich erst angefangen zu piaffieren, als er 8jährig war. Dux kam als 6jähriger zu mir in den Stall und brauchte aufgrund seines gewaltigen Vorwärtsdranges längere Zeit für die Grundausbildung, bis er den Reifegrad für den Beginn der Piaffearbeit erreicht hatte.

Die Frage, wann man mit der Ausbildung von Piaffe und Passage beginnen sollte, hängt also nicht so sehr vom Alter des Pferdes ab; entscheidend ist der erreichte Rittigkeitsgrad. Ahlerich hatte nach 2 ½ jähriger Ausbildung die Reife eines S-Pferdes erlangt und dies durch Erfolge in der laufenden Turniersaison 1977 unter Beweis gestellt. Er war ein Ausnahme-pferd, dem aufgrund seiner körperlichen Veranlagung und seiner Intelligenz bei der Dressurarbeit nichts schwerfiel. Er hatte einen weiteren Vorzug, der vor allem der Piaffe- und Passagearbeit entgegenkam: Er war auf feinste Hilfen abzustimmen und ließ sich ohne Kraftaufwand reiten.

Hier liegt nach meinen Erfahrungen der Schlüssel zum Erfolg für die Übungen der höchsten Versammlung. Ein Pferd, das nicht gelernt hat, sich auf leichte Hilfen in Bewegung zu setzen, wird nur mit Mühe und ohne den Glanz des Ausdrucks dazu bereit sein, die Piaffe und Passage auszuführen. Es ist deshalb ein großer Fehler, sein Pferd um den Preis des absoluten Kadavergehorsams abzustumpfen. Wir können häufig auf Abreiteplätzen beobachten, wie Pferde müde und stumpf geritten werden, damit sie in der Dressuraufgabe nur ja keinen Lektionenfehler machen. In unteren Klassen mag dies gutgehen. In Aufgaben, in denen Piaffe und Passage verlangt werden, ist dann bereits draußen das Ergebnis abzusehen. Auch die kräftigsten Hilfen bringen das Pferd nicht zum sicheren Piaffieren und Passagieren, wenn es abgestumpft ist. Insofern scheiden sich bei diesen Übungen die Geister. Jeder Ausbilder, der einem Pferd Piaffe und Passage beibringen will, sollte sich von dem Grundsatz leiten lassen, sein Pferd sensibel zu halten und auf leichte Hilfen abzustimmen.

Erst Piaffe, dann Passage

Die Streitfrage, ob man zuerst mit der Piaffe oder zuerst mit der Passage anfangen soll, will ich bei der Beschreibung des Ausbildungsweges von Ahlerich nicht vertiefen. Bei ihm stellte sich diese Frage nicht. Seine Gehlust und seine Neigung, sich leicht ablenken zu lassen, brachten die Gefahr gespannter Tritte mit sich. Es kam für ihn deshalb nur die Methode in Betracht, erst mit der Piaffe zu beginnen und daraus später in halben Tritten nach vorn die Passage zu entwickeln.

Zur Vorbereitung auf die ersten Piaffe-Übungen stimmte ich die Hilfengebung durch mehrere halbe Paraden aus dem versammelten Trab in den versammelten Schritt und nach vorn in den versammelten Trab so ab, daß diese Übergänge in kurzer Folge spielerisch gelangen. Dann ging ich auf den Hufschlag der langen Seite und parierte durch zum Halten. Es kam jetzt darauf an, aus dem Stand ein bis zwei piaffeartige Tritte nach vorn herauszureiten. Ich mußte Ahlerich begreiflich machen, was ich von ihm wollte. Das Kennenlernen der Reiterhilfen für die Piaffe ist der Grundstein für das Gelingen der Übung. Ich behielt mit beiden Zügeln einen weichen Kontakt zum Maul, gab einen leichten Druck mit den Schenkeln wie zum Anreiten und versuchte, mich mit dem Gewicht im Sattel nicht schwer zu machen. Auf den Schenkeldruck reagierte Ahlerich und trat an. Sofort gab ich etwas mit den Zügeln nach und ließ den Tritt heraus, um unmittelbar darauf wieder anzunehmen und den Tritt zurückzuführen. Ahlerich stellte sich wieder hin. Ich lobte ihn und wartete ein paar Sekunden ab. Den Schenkeldruck zum Anreiten hatte ich gleich nach dem Antritt wieder abgesetzt.

Sichtlich erstaunt über das Neue, kam eine leichte Erregung in das Pferd. Das erleichterte die nächste Übung; denn ich spürte, daß Ahlerich nicht halten, sondern antreten wollte. Mit einem Zungenschnalzer begleitete ich die neue Hilfe zum Antreten. Diesmal gab ich ganz bewußt zweimal hintereinander den kurzen Schenkeldruck zum Anreiten, um zwei Tritte nach vorn zu erzielen. Dabei schnalzte ich auch zweimal im Takt. Mit den Händen blieb ich so mit dem Pferdemaul in Kontakt, daß sie eine in etwa saugende Wirkung ausübten, als wollten sie den Antritt erst herauslassen, dann nach oben abfangen und wieder zurücknehmen.

Die Reiterhilfen zur Piaffe

Wenn ich diese Vorgänge der Hilfengebung in Einzelteile zerlege, um sie besser beschreiben zu können, möchte ich in einem Punkt nicht mißverstanden werden. Die drei verschiedenen Arten von Reiterhilfen, nämlich die Gewichts-, Schenkel- und Zügelhilfen werden selbstverständlich nicht einzeln erteilt, sondern in harmonischem Einklang miteinander. Es liegt am reiterlichen Gefühl, in welchem Maße der eine Teil stärker und der andere Teil schwächer eingesetzt wird, um die gewünschte Reaktion des Pferdes zu erzielen.

Zu dem kurzen Schenkeldruck zum Anreiten möchte ich ergänzend anfügen, daß ich zwar beide Schenkel gleichzeitig benutze, aber denjenigen Schenkel etwas mehr einsetze, auf dessen Seite das Pferd sein Hinterbein zuerst anheben soll. Wenn ich auf der rechten Hand auf dem Hufschlag halte und daraus zur Piaffe antreten lassen will, wirkt der rechte Schenkel beim Antreiben zunächst stärker. Daraufhin fußt das Pferd mit dem rechten Hinterfuß ab und hebt kurz darauf – später gleichzeitig, nämlich im Diagonaltakt – das linke Vorderbein. Sobald dies abgehoben hat, vermindere ich den Druck mit dem rechten Schenkel und verstärke ihn mit dem linken Schenkel, um eine ähnliche Wirkung auf den rechten Diagonaltritt zu erzielen, nämlich: nach dem Niedersetzen des linken Vorderfußes ein Abfußen des linken Hinterfußes mit möglichst gleichzeitigem Abheben des rechten Vorderbeines. Man sagt auch: Das Pferd wechselt im Diagonaltakt von einer Diagonale in die andere.

Die vorstehend beschriebenen Hilfen gibt der Reiter natürlich nur im Anfangsstadium so deutlich, um dem Pferd verständlich zu machen, was es tun soll. Das ist ähnlich wie bei der ersten Hilfengebung für die fliegenden Galoppwechsel von Sprung zu Sprung. Später vermindert sich die Stärke. Das Pferd soll lernen, möglichst allein zu arbeiten, mit einem Minimum an Reiterhilfen. Wird zum Beispiel in der Piaffe der diagonale Schenkeldruck ständig betont, bringt er das Pferd zwangsläufig ins Schwanken. Daraus resultiert die fehlerhafte Balance sowohl in der Piaffe als auch in der Passage. Übertreibt der Reiter beispielsweise die nachgebende und annehmende Zügelhilfe, so entwickeln sich daraus die rückwärts wirkenden, zuckenden Handbwegungen, die man zuweilen in Dressurprüfungen als letzten verzweifelten Versuch beobachten kann, eine absterbende Piaffe noch in der vorgeschriebenen Trittzahl über die Runden zu bringen. Ganz schlimm sieht es aus, wenn der Reiter die sich leicht machende Gewichtshilfe zum Hochnehmen des Diagonaltritts übertreibt und mit dem Körper bauchtanzartige Bewegungen ausführt in der Hoffnung, dadurch das Pferd beim Piaffieren zu unterstützen. Das Ergebnis solcher Versuche kann nur sein, daß sich das Pferd im Rücken versteift, mit der Kruppe auf- und abhopst und sich zum Ausbalancieren mit den Vorderbeinen abstützt.

Mit zwei Tritten anfangen

Damit sind zugleich die wesentlichen Fehler angesprochen, die sich beim Piaffieren aus übertriebener und damit falscher Hilfengebung einstellen können. In die Verlegenheit, solche Hilfen zu geben, kam ich bei Ahlerich nicht, weil er viel zu empfindsam abgestimmt war. Ahlerich erwartete beim Erlernen neuer Lektionen, daß der Reiter ihm behutsam den Weg zeigte und ihm dann Gelegenheit gab, diese weitgehend selbständig auszuführen. Man mußte als Reiter verstehen, ihn stolz darauf zu machen, etwas neu Erlerntes ausführen zu dürfen. Beim Einüben der Piaffe bestand diese Methode darin, daß ich in den ersten Tagen jeweils nach zwei Piaffehilfen, die ich mit Zungenschnalzen begleitete, anhielt und ihn mit einem kurzen »brav« lobte. Das anschließende Stehen behagte Ahlerich gar nicht. Es wurde für ihn fast zur Strafe. Er konnte es kaum erwarten, daß ich durch Zungenschnalzen zwei neue Piaffetritte ansagte. Es dauerte nicht lange, bis ich fast nur noch auf Zungenschlag aus dem Halten anpiaffieren und dabei ganz ruhig sitzen bleiben konnte. Die erste Eile beim Antritt beruhigte sich. Der Tritt wurde nicht nur langsamer, sondern gewann auch an Höhe. Schon in der zweiten Woche konnte ich erst vier, dann sechs und einige Male sogar noch mehr Piaffetritte herausholen. Bei keinem Pferd war mir dies vorher jemals in so kurzer Zeit geglückt.

Die ersten Passagetritte

Es war Mitte August. Am 24. 8. 1977 sollte das Westfälische Pferdezentrum in Münster-Handorf mit einem großen Schauprogramm eröffnet werden. Berühmte westfälische Pferde aus dem Turniersport waren eingeladen. In der Dressur erwartete man den damaligen Serien-

S-Sieger Duero unter Josef Neckermann und die frischgebackene Europameisterin der Junioren Inge Schulze-Wilbrenning auf Don Benito. Verständlicherweise hatte der Zuchtleiter des Westfälischen Pferdestammbuches, Dr. Dohmen, auch bei mir angefragt, ob Ahlerich – der Star der Westfalen-Auktion 1975 – wohl schon für eine Schaunummer vor großem Publikum gezeigt werden könne. Ich hatte zugesagt und stand nun vor der Frage: Sollte ich versuchen, in den noch vor mir liegenden knapp zwei Wochen Passage zu üben und die Zuschauer bei der Eröffnungsfeier mit einer kompletten Schau zu überraschen, oder sollte ich das Risiko meiden und bescheiden im S-Rahmen bleiben? Mich reizte das Risiko, denn ich war im Augenblick so mit Ahlerich verbunden, daß ich mich vor keiner Aufgabe fürchtete.

Natürlich mußte ich mich jetzt ganz auf die Piaffe- und Passagearbeit konzentrieren und die Galopparbeit hintanstellen. Aber eine reelle Chance, ganz schnell die Passage zu erreichen, hatte ich. Das wußte ich von meinen Erlebnissen aus der Winterarbeit, als Ahlerich sich in der Halle dauernd an der Reitbahntür gespannt und dabei – wenn auch in Spannung – Passagetritte angeboten hatte.

Um in die Passage zu gelangen, begab ich mich im versammelten Schritt auf den Hufschlag, schnalzte mit der Zunge und trieb Ahlerich mit den Schenkeln an die möglichst ruhig stehende Hand heran. Verständlicherweise wurde Ahlerich dabei etwas nervös und zackelte aus dem Schritt zum Trabe an. Ich verstärkte den Schenkeldruck beider Schenkel und hielt mit der Hand gegen. Das Ergebnis ließ nicht lange auf sich warten. Ahlerich erhob sich aus der Vorhand und wollte mit großen Tritten davonsteppen. Ich rief ganz schnell: »brav« und stoppte ab. Sonst wäre die Übung in Stechtrab ausgeartet.

Nun wußte Ahlerich immerhin, worum es ging. Beim nächsten Mal konnte ich schon mit weniger starken Hilfen arbeiten und ihn aus dem versammelten Schritt etwas langsamer antreten lassen. Um den Schwebemoment zu erreichen, mußte ich nur die Hand etwas mehr stehenlassen. Ahlerich trat sofort an, dachte aber immer noch, er müsse zulegen. Deshalb benutzte ich zum Abschluß dieses Tages folgenden Trick: Ich ging auf den Zirkel und ritt mehrfach Trab-Schritt mit höchstens zwei bis drei Zwischentritten. Als ich das Gefühl bekam, daß die Hilfen richtig abgestimmt waren, ging ich im versammelten Trab auf die ganze Bahn. Etwa in der Mitte legte ich eine Volte an und parierte anschließend zum versammelten Schritt durch. Im versammelten Schritt versuchte ich, durch vorsichtig treibende Schenkelhilfen mehr und mehr Leben zu erzeugen, bis ich ungefähr am Zirkelpunkt angekommen war. Von dort aus hatte ich bis zum Ende der langen Seite noch etwa 10 Meter. Auf dieser kurzen Strecke konnte Ahlerich kaum noch davonschweben. Das war der richtige Punkt für den Einsatz zur Passage. Ich schnalzte mit der Zunge, trieb Ahlerich mit beiden Schenkeln an die Hand heran und ließ ihn antreten. Dabei hielt ich ihn stur geradeaus auf die kurze Seite zu. Das wirkte. Ahlerich trat wieder mit großen Tritten an, sah aber die kurze Seite vor sich und verhielt. Anstatt zu beschleunigen nahm er die Vorderbeine hoch und winkelte sie an. Für mich war dies ein Gefühl, wie ich es zuletzt vor Jahren auf Dux gehabt hatte. Ich hätte vor Glück die ganze Welt umarmen können. Vor der kurzen Seite hielt ich an, sprang vom Pferd und liebkoste Ahlerich, was er wahrscheinlich nicht ganz verstand. Zugegeben, meine Freudenbezeigung war wohl auch etwas übertrieben. Aber es war niemand in der Nähe, der mich deshalb hätte auslachen können.

»Ich kann mit Ahlerich passagieren«, sagte ich zu Hause zu meiner Frau. Sie schaute etwas ungläubig und meinte mäßigend: »Übertreib es nicht. Ein Pferd wie Ali bekommst du so schnell nicht wieder.« Das war klar und eine verständliche Warnung zugleich. Vor gut zwei Wochen hatten wir mit der Piaffe begonnen, und jetzt redete ich von Passage. Das war eigentlich zuviel auf einmal.

Im Prinzip stimme ich dem zu. Trotzdem halte ich auch aus der Rückschau die Ausbildungsfolge bei Ahlerich für richtig. Was ich vorstehend beschrieben habe, soll nicht aussagen, daß ich in der Lage gewesen wäre, in knapp einem Monat Ahlerich sowohl Piaffe als auch Passage in der Vollendung beizubringen. Wir standen damit erst am Anfang. Nur meine ich und kann dies aus der Erfahrung mit mehreren Pferden belegen, daß ein Ausbilder stets den ersten Schwung beim Einüben einer neuen Lektion nutzen sollte. Sobald sich Erfolg einstellt, sollte er allerdings den Augenblick des Aufhörens nicht verpassen und rechtzeitig auf andere Übungen, die dem Pferd bereits vertraut sind, umschwenken.

Zur Eröffnung des Westfälischen Pferdezentrums mit Piaffe und Passage

Für die Eröffnungsparade des Westfälischen Pferdezentrums verblieben nur noch ein paar Tage Zeit. Was ich reiten wollte, wußte ich. Ich wußte aber auch, daß ich nur eine Chance hatte, alles zu zeigen, wenn ich vorher nicht mehr an den einzelnen Lektionen herumexperimentierte. Bei dem herrlichen Wetter verbrachte ich die meiste Zeit der täglichen Ausbildungsstunde auf der Galoppierbahn rund um unseren Reitplatz. Dort fühlte Ahlerich sich frei und wohl. An den langen Geraden konnte ich ohne Einengung Zick-Zack-Traversalen im Trab und Galopp anlegen. Zwischendurch konnte ich querbeet über den Rasen reiten und irgendwo, wenn es paßte, eine Pirouette einbauen. Diese Arbeit behagte Ahlerich und kam seiner Persönlichkeit sehr entgegen. Erst am Tag vor der Schau probierte ich auf dem Dressurviereck an günstiger Stelle aus dem Schritt ein kurzes Zurückführen zur Piaffe mit anschließendem Antreten zur Passage. Ich machte dabei die gleiche Erfahrung wie früher. Wenn Ahlerich etwas gelernt hatte und man ihn dann mit dieser Lektion einige Zeit nicht mehr konfrontierte, führte er sie um so lieber aus, als hätte er sie schon ewig gekonnt.

Diese Erkenntnis machte ich mir für die Schau im Pferdezentrum zunutze. Die ganze Persönlichkeit von Ahlerich kam an diesem Tage zur Entfaltung. In der Berichterstattung von »Reiter und Pferde in Westfalen«, Heft 9, 1977, wurde über seinen Auftritt vermerkt:

Knapp 2 ½ Jahre, nachdem er als Spitzenpferd der Elite-Auktion 1975 in den Stall von Dr. Klimke kam, brillierte der 6jährige Angelo xx-Sohn Ahlerich in einer großartigen Kürvorstellung, die mit Schwierigkeiten bis zu Grand Prix-Anforderungen gespickt war.

Sehenswert seine Piaffen und Passagen! Der 6jährige ist erstaunlich weit gefördert, macht nervlich hervorragend mit und darf wohl als das Top-Nachwuchspferd für höchste Aufgaben im Klimke-Stall angesehen werden.

Ein größeres Kompliment konnten wir nicht erwarten. Der Mut zum Risiko hatte sich bezahlt gemacht. Jetzt galt es, das Erreichte zu festigen und bloß nicht übermütig zu werden.

Abb. 16. Ahlerich kurz vor Eröffnung des Westfälischen Pferdezentrums. Eine Passage, die für die Zukunft Großes erwarten läßt.

Ahlerich wird Westfalenmeister 1977

Für den Monat September standen zwei wichtige Turniere an, zu denen ich für Ahlerich eine Nennung abgegeben hatte, nämlich die Westfälischen Meisterschaften in Lage-Siegkrug und das Turnier der Sieger in Münster. Die Entscheidung im eigenen Stall zugunsten von Ahlerich als Spitzenpferd Nr. 1 war längst gefallen. Zwar war nach dem Abschied von Mehmed aus dem Turniersport Amadeo aufgrund seiner Erfahrung Rangältester, dem normalerweise Ahlerich noch nicht das Wasser reichen konnte. Aber die größere Veranlagung für die Übungen der höchsten Versammlung besaß Ahlerich. Ermutigt durch den Erfolg bei der Eröffnungsfeier im Westfälischen Pferdezentrum beschloß ich deshalb, Ahlerich als Nr. 1 bei den Westfälischen Meisterschaften in Lage-Siegkrug zu satteln und Amadeo meinem Freund und Schüler Hans-Jürgen Meyer anzuvertrauen. Ich selbst ritt als Zweitpferd den ebenfalls 6jährigen westfälischen Schimmel Feuerdorn, den ich neben Ahlerich für den großen Sport aufbauen wollte.

Für Ahlerich wurden die Westfälischen Meisterschaften zum Triumph. Er gewann beide Qualifikationsprüfungen sowie am Sonntag auf dem Hauptplatz das Finale mit Anforderungen des Grand Prix. Erstmals in einem Wettkampf mußte Ahlerich sowohl die fliegenden Galoppwechsel von Sprung zu Sprung als auch Piaffe und Passage zeigen. Er gewann überlegen. Amadeo errang dazu unter Hans-Jürgen Meyer die Bronzemedaille.

Abb. 17. Renvers rechts, eine in Dressurprüfungen selten verlangte Lektion, in der Dressur Kl. M beim Turnier der Sieger in Münster 1977.

Die Erfolgswelle von Ahlerich setzte sich fort. Eine Woche später auf dem Turnier der Sieger in Münster startete und gewann Ahlerich gleich dreimal hintereinander. Die Aufgaben paßten genau in das Ausbildungskonzept der vergangenen Wochen. Eine M-Dressur und zwei S-Dressuren mit Schwierigkeitsgrad ohne Piaffe und Passage brachten Ahlerich wenig Aufregung und dienten der Sicherung seiner Prüfungsroutine.

Mit insgesamt 10 Siegen in Klasse M und S konnten wir höchst zufrieden auf die erste Turniersaison von Ahlerich als S-Dressurpferd zurückblicken. Er hatte eine Pause verdient. Sein nächster Start war an sich erst wieder für das folgende Jahr geplant. Doch dann traf eine Einladung zum internationalen Dressurturnier vom 20.–23. 10. 1977 in Paris ein. Die Ausschreibung war so günstig, daß Ahlerich im St. Georgs-Preis, in der Intermédiaire I und in einer Kür mit Piaffe starten konnte. Ein zusätzlicher Anreiz war die Tatsache, daß der Veranstalter die führenden internationalen Dressurrichter eingeladen hatte. Das gab für mich den Ausschlag, die Einladung anzunehmen.

Ahlerichs erster Auslandsstart

In den fünf Wochen bis Paris brauchte ich keine neue Lektion einzuüben. Alles, was dort verlangt wurde, hatte ich auf den Turnieren der letzten Wochen mehrfach im Wettkampf zeigen und erproben können. Deshalb nutzte ich das schöne Herbstwetter und ritt nach Möglichkeit nur draußen. Auf langen Linien fühlte Ahlerich sich am wohlsten. Viel lösende Arbeit, zu der auch regelmäßiger Kanter im leichten Sitz auf der Galoppierbahn gehörte, sollte seinen gesamten Bewegungsapparat ansprechen. Ich wollte in Paris ein gelöstes Pferd mit drei reinen, schwungvollen Grundgangarten vorstellen. Ab und zu ging ich auf eines der Dressurvierecke, übte von außen einreiten, halten und wieder anreiten. Oder ich ritt aus den beiden Aufgaben des St. Georgs-Preises und der Intermédiaire bestimmte Lektionenteile, um das Gefühl der Sicherheit zu behalten.

So gerüstet traten meine Frau und ich mit den vier Pferden Amadeo, Ahlerich, Privatier und Sekur die Reise nach Paris an. In der Anlage des Polo-Clubs im Bois de Boulogne hatte der Veranstalter ein Sandviereck auf Rasen aufgebracht und sich viel Mühe gegeben. Die Prüfungen waren mit Teilnehmern aus Frankreich, Holland, England, Belgien, Deutschland und der Schweiz gut besetzt.

Ahlerich zeigte sich von seiner besten Seite. Die große Weite des Poloplatzes behagte ihm. Er fühlte sich frei und nicht eingeengt. Ich konnte aus den Bemerkungen der Zuschauer entnehmen, daß seine Ausstrahlung ankam. In den Prüfungen wurde dies von den Richtern bestätigt. Ahlerich errang im St. Georgs-Preis und in der Intermédiaire I jeweils den 2. Platz hinter George Theodorescu auf Amantiado, die im Sommer in Aachen durch großartige Siege in diesen Prüfungen auf sich aufmerksam gemacht hatte. Bei der Siegerehrung sagte der Chefrichter, Herr Nyblaeus aus Schweden zu mir: »Wenn Sie so weitermachen, haben Sie in zwei Jahren ein gutes Pferd im Grand Prix.« Das war ein großes Kompliment, wenn man weiß, mit welch strengem Maßstab Herr Nyblaeus sein Urteil abzugeben pflegte.

Abb. 18. Beim ersten Auslandsstart in Paris im Herbst 1977 erregte Ahlerich die Aufmerksamkeit der Fachwelt.

Die Dressur-Kür am Sonntag morgen war auch für die Grand Prix-Pferde offen. Allerdings wurden keine Passagen, sondern nur die Piaffe verlangt. Da man in der Kür bekanntlich die Lektionen an beliebiger Stelle zeigen kann, riskierte ich auch hier einen Start auf Ahlerich. Es gab wiederum einen 2. Platz und von der englischen Richterin Johanna Hall eine 7 (= ziemlich gut) für die Piaffe. Damit hatte Ahlerich seine erste internationale Bewährungsprobe bestanden. Wir hatten allen Grund, glücklich zu sein.

Zu Hause angekommen, stellten wir fest, daß Ahlerich auf der Reise doch ganz schön abgenommen hatte. Er sah zwar kernig, aber insgesamt zu mager aus. Seine Freßlust hatte nachgelassen. Das war ein Zeichen zur Vorsicht. Hinzu kam der Haarwechsel zum Winterfell. Für den Monat November legte ich daher eine Ausbildungspause ein. Ahlerich erhielt nur leichte Bewegungsarbeit unter meiner Frau.

Ahlerichs Erfolge 1977

Münster 3.−6. 2.	8. M-Dressur
	3. S-Dressur
Lüdinghausen 10. 7.	1. M-Dressur
Freudenberg 22.−24. 7.	2. M-Dressur
	2. St. Georgs-Preis
	2. Intermédiaire I
Gevelinghausen 29.−31. 7.	1. M-Dressur
	1. S-Dressur
Niederzeuzheim 5.−7. 8.	2. M-Dressur
	1. St. Georgs-Preis
	4. Intermédiaire I
Lage-Siegkrug 2.−4. 9.	1. S-Dressur
	1. S-Dressur
	1. S-Dressur Finale
Münster 9.−11. 9.	1. M-Dressur
	1. S-Dressur
	1. S-Dressur
Paris 20.−23. 10.	2. St. Georgs-Preis
	2. Intermédiaire I
	2. S-Kür

Westfälischer Meister

Die Winterarbeit 1977/78: Vom S-Pferd zum Grand Prix

Anfang Dezember 1977 konnte ich es nicht mehr abwarten. Amadeo, der Ahlerich an Routine überlegen war, wechselte den Stall, so daß jetzt Ahlerich endgültig zur Nr. 1 aufrückte. Doch was mußte er alles noch lernen, ehe er diesen Titel wirklich verdiente? Hatten wir nicht im Turnierjahr 1977 mit den Siegen und Plazierungen auch viel Glück gehabt? Wie vorsichtig mußte ich weiter vorgehen, um nichts kaputtzumachen?

Diese Fragen hatten mich bereits im November beschäftigt, als ich Ahlerich zur Erholungspause meiner Frau anvertraute. Am Ende seines 6. Lebensjahres war Ahlerich noch längst kein fertiges S-Pferd im Vergleich zur absoluten Spitze. Die Richter hatten seine Frische und Unbekümmertheit belohnt. Die Ausführung der Lektionen war zwar für ein 6jähriges Pferd erstaunlich. Nach strengem Maßstab fehlte aber noch die Reife, um gegen Spitzenpferde der ersten Garnitur bestehen zu können. Und das stand uns für 1978 bevor. Der Ahlerich, über den man in Fachkreisen bereits sprach, mußte im kommenden Jahr seine Bewährungsprobe bestehen. Da ich kein Grand Prix-Pferd mehr im Stall hatte, ging mein Ziel dahin, mit ihm 1978 auch in den Grand Prix hineinzukommen. Große Pläne also, die eine sorgfältige weitere Ausbildung und gutes Management erforderten.

Zum Glück fiel das traditionelle Januar-Turnier in der Halle Münsterland diesmal erst in den Februar. Dadurch blieben mir zweieinhalb Monate Zeit bis zum nächsten Turnierstart. Die wollte ich nutzen, um Durchlässigkeit und Versammlung zu verbessern und in der Piaffe-Passage-Arbeit den endgültigen Durchbruch zum Grand Prix zu schaffen.

Durchlässigkeit und Versammlung verbessern

Mit einem Pferd von der großen Intelligenz und der Leichtigkeit im Bewegungsablauf wie Ahlerich kann man Lektionen zeigen, für die man bei anderen Pferden fast die doppelte Zeit zum Einüben braucht. Trotzdem bleibt auch dem Musterschüler die Kleinarbeit nicht erspart. Ich hatte zum Beispiel auf Ahlerich die Paraden viel mit der Stimme eingeübt. Auf ein leises »brav« stoppte er ohne Reiterhilfen. Zur ehrlichen Durchlässigkeit gehört bekanntlich mehr, nämlich der Gehorsam auf vorwärtstreibende, seitwärtstreibende und verhaltende Hilfen des Reiters. Im Laufe der bisherigen Ausbildung war ich hier etwas großzügig vorgegangen. Ich hatte mich abwartend verhalten und Ahlerich soweit wie möglich selbständig arbeiten lassen. Das war bestimmt nicht falsch und vermittelte das herrliche Gefühl eines von selbst gehenden Pferdes. Aber ich hatte für dieses Ziel zum Beispiel darauf verzichtet, Verstärkungen voll auszureiten, weil ich vorher nicht hätte sagen können, wie das endet. Wenn ich Ahlerich beim Zulegen wirklich nach vorn schickte, konnte er abgehen und außer Kontrolle geraten.

Dies mußte abgestellt werden. Und das ging nur durch Übungen aus der Grundausbildung zur Erzielung echter Durchlässigkeit. Ich brauche nicht zu betonen, daß die lösende Arbeit am Beginn jeder Stunde notwendig ist, um das Pferd erst zur Losgelassenheit zu bringen. Darauf baut alles weitere auf. Bei Ahlerich bestand das noch nicht vollständig gelöste Durchlässigkeitsproblem darin, daß ich ihn bei Verstärkungen mit meinen Schenkeln nicht festhalten konnte. Bei Mehmed oder Dux konnte ich selbst in höchster Verstärkung das Maß des Tempos mit meinen Reiterhilfen bestimmen, ohne Sorge haben zu müssen. Bei Ahlerich gelang dies noch nicht und wurde mir auch später mitunter zum Verhängnis.

Nun kann man den Gehorsam auf die vorwärtstreibenden und verhaltenden Hilfen nicht dadurch verbessern, daß man losjagt und dann mit Gewalt bremst. Abgesehen davon, daß dabei alsbald die Sehnen und Gelenke Schaden nehmen müßten, erweist sich die Methode schon deshalb als untauglich, weil sie keinen Schwung, sondern Eile erzeugt und damit den Bewegungsablauf kaputtmachen würde. Der Weg zum Gehorsam auf die Reiterhilfen führt nur über ehrliche halbe Paraden, die sich wie ein roter Faden durch die ganze Ausbildungs-stunde ziehen.

Auf Ahlerich übertragen bedeutete dies häufiges Reiten von Übergängen und zwar einerseits mit dem notwendigen Feingefühl, um den Bewegungsablauf nicht zu stören, andererseits aber mit der erforderlichen Deutlichkeit, um ihn etwas »faul« auf den Schenkel zu machen. Sobald Ahlerich die Schenkelhilfen ehrlich annahm, konnte ich mit ihm Verstärkungen bis zur höchsten Schwungentfaltung herausreiten. Dies auch unter Wett-kampfbedingungen fertigzubringen, erfordert einfach den Prozeß der Reife in bezug auf Durchlässigkeit und Versammlung. Und Reife ist auch ein Problem von Zeit und Geduld. Das alles war mir aus der Ausbildung früherer Pferde hinreichend bekannt und mußte jetzt mit Ahlerich in die Tat umgesetzt werden.

Auf der Geraden war es schwieriger, Ahlerich durch Zulegen und Einfangen durchlässiger zu machen. Ich bevorzugte deshalb die Zirkelarbeit. Dort lautete das Kommando, sei es im Trab oder im Galopp: 10 Meter zulegen, einfangen und versammeltes Tempo; dann wieder 10 Meter zulegen, einfangen und versammeltes Tempo usw. Als Prüfstein ging es dann zum Schluß auf die lange Seite oder ein- bis zweimal durch die Diagonale. Vor langen Strecken im starken Trab habe ich meistens zurückgeschreckt; denn dabei ist die Verschleißgefahr für Sehnen und Bänder zu groß.

Anders verhält es sich im Sommer draußen auf der Galoppierbahn. Wenn man dort zur Verbesserung des Schwungs auf großen Linien langsam, aber stetig beschleunigt, ist dies unschädlich, weil keine plötzliche Belastung auftritt.

Eine weitere Übung, die gleichzeitig der Versammlung des Galoppsprungs diente, war der häufige einfache Galoppwechsel auf der Geraden oder auf Schlangenlinien durch die Bahn. Selbstverständlich ritt ich je nach Gefühl und Situation die bekannten Durchlässigkeitsübun-gen aus der Grundausbildung, wie Übergänge vom Trab zum Schritt und sogleich wieder zum Trab; vom Trab zum Galopp und wieder zum Trab; das korrekte Halten; daraus rückwärts-richten oder eine Schaukel.

Piaffe und Passage reifer machen

Wenn Ahlerich die Schenkel gut annahm, beendete ich alsbald die Übungen. Ich wollte nicht in das falsche Extrem geraten und ein faules Pferd erzeugen; denn dann fehlte mir gerade das, was ich für mein Programm zur Fortbildung von Piaffe und Passage benötigte: nämlich die Abstimmung auf leichte Hilfen.

Bei der Beschreibung der Anfänge von Piaffe und Passage habe ich bei Ahlerich bewußt die Reitgerte nicht erwähnt. Sie spielte bei der Ausbildung dieser versammelnden Übungen in seinem Leben keine entscheidende Rolle. Ahlerich war von Jugend an ein fast überempfindliches Pferd. Ich habe deshalb, wie schon bei Mehmed, kaum eine Reitgerte benötigt. Hätte ich sie benötigt, wäre Ahlerich vermutlich daran gewöhnt worden wie an die Schenkelhilfen des Reiters. Nur hätte dies keine entscheidende Hilfe bedeutet, da man international bekanntlich in Dressurprüfungen nicht mit Gerte reiten darf. Wir beobachten es immer wieder, daß Pferde draußen unter dem Einfluß der Gerte »wie Weltmeister« piaffieren, in der Prüfung aber dann genau wissen, daß der Reiter die Gerte nicht mitführen darf und dann so tun, als könnten sie die Lektion überhaupt nicht.

So komisch es klingen mag: Bei der Arbeit an der Piaffe und Passage habe ich auf Ahlerich genau das Gegenteil von dem getan, was ich vorher zur Verbesserung der Durchlässigkeit geübt hatte. Dort hatte ich versucht, ihn auf den Schenkel etwas »faul« zu machen. Für die Piaffe benötigte ich aber gerade das Gegenteil, nämlich absoluten Gehorsam auf leichte Hilfen. Deshalb habe ich zum Beispiel an Tagen, an denen ich mich besonders um die Verbesserung der Durchlässigkeit bemüht habe, niemals Piaffe geübt. Oder aber ich übte zu Beginn nach dem Lösen mit dem frischen Pferd die Piaffe und Passage und machte ihn – je nach nervlicher Verfassung – im Anschluß daran durch Übungen der Durchlässigkeit für das Trockenreiten faul.

Ahlerich hatte von Natur aus die Veranlagung zu einer spektakulären Passage. In diese Lektion legte er seine ganze Persönlichkeit und spielte sich auf. Ließ man ihn gewähren und nahm den vollen Ausdruck in der Passage mit, war es praktisch unmöglich, ihn zur Piaffe zurückzuführen. Er machte sich fest und tanzte bei der Rückführung mit den Hinterbeinen durcheinander, wie ich dies noch bei keinem anderen Pferd erlebt habe. Hingegen gab es keine Schwierigkeiten beim Übergang aus der Piaffe zur Passage. Wie also konnte der umgekehrte Übergang verbessert werden? Ich muß ehrlich sagen, daß ich daran lange gearbeitet habe und am Anfang das Problem nur dadurch lösen konnte, daß ich die Note 6 in der Passage in Kauf nahm und daraus den Übergang zur Piaffe über eine Strecke von einer Pferdelänge vorbereitete. Wenn Ahlerich in der Passage nicht mit voller Kraft nach vorn abfußte, war er ein König der Übergänge. Diese gelangen durchweg besser als die Passage. In der Piaffe selbst setzte sich Ahlerich und hatte dann keine Schwierigkeiten, diese Übung nahezu in der Vollendung auszuführen.

Anfangs bestand das Problem, seinen Übereifer in der Piaffe zu bremsen. Ahlerich konnte sich derart steigern, daß der Antritt zur Passage kaum aufzuhalten war. Wenn man das dennoch versuchte, geriet die Piaffe ins Schwanken. Deshalb habe ich beim Piaffieren am Anfang den Hufschlag selten verlassen. Am wohlsten fühlte Ahlerich sich, wenn man ihn nach der kurzen Seite aus dem versammelten Schritt anpiaffieren ließ, daraus in die Passage überging und dann in einem großen Bogen auf den Zirkel abwendete. Dabei wurde er immer ruhiger und gelassener, so daß man den Moment herausfühlen mußte, in dem er sich zur Piaffe zurückführen ließ. Auf der Geraden bestand die Gefahr, daß die Passage immer ausdrucksvoller und mächtiger wurde. Dann gab es kaum noch ein Zurück. Auf der großen Zirkellinie dagegen sah das anders aus. Hier konnte man mit Geschick die Rückführung einleiten und eine Piaffe herausholen, zu der nur ganz wenige Pferde fähig sind.

Das Turnier in der Halle Münsterland nahte. Natürlich konnte ich die mir vorgenommene Ausbildungsarbeit bis dahin nicht abschließen. Das war auch nicht nötig. Denn es besteht durchaus die Gefahr, sich festzufahren, wenn man bestimmte Dinge zu lange übt. Der

Turnierstart gibt ein bestimmtes Ziel, das man sich vorher aussuchen kann. Er lenkt damit manchmal auch von Schwierigkeiten ab, die sich bei allem gründlichen Einüben einer bestimmten Lektion durchaus einschleichen können.

Das Turnierfieber rückte näher. Für Ahlerich hatte ich eine Nennung in Klasse M und eine in Klasse S mit Piaffe und Passage abgegeben. Hier wurde die Aufgabe S 9 verlangt, die wir schon bei der Westfalenmeisterschaft in Siegkrug geritten hatten. Also kein Grund zur Beunruhigung. Ich ging mehrmals in Gedanken meinen Ritt von Siegkrug durch und überlegte, was ich verbessern konnte. Wenn Ahlerich so wie im Training ging, konnte nichts schiefgehen. An die sich zum Teil widersprechenden Anforderungen: einerseits faul werden auf den Schenkel für die Durchlässigkeit und andererseits empfindlich reagieren auf die Hilfen für Piaffe und Passage, hatte er sich gewöhnt. Er wußte genau das »brav« zum Parieren und das Schnalzen zum Anpiaffieren einzuordnen.

Ein strahlender Ahlerich in der Halle Münsterland

Ich gebe zu, daß Münster für Ahlerich normalerweise ein Heimspiel ist. Aber die Art und Weise, wie er die M-Dressur absolvierte, war schon so imponierend, daß er auch in anderer Umgebung gewonnen hätte. Er war einfach reifer geworden, und in dieser Klasse konnte ihn an Ausstrahlungskraft und Sicherheit kein anderer Starter erreichen.

Am Sonntag morgen mußte sich Ahlerich in der Aufgabe S 9 vor kritischen Augen bewähren. Auch das gelang. Ahlerich siegte mit großem Vorsprung. In der Presse konnte man am folgenden Tage nachlesen:

Dr. Reiner Klimke gewann mit seiner großen Zukunftshoffnung Ahlerich die Prüfung souverän. Der Richter, bei dem ich saß, vergab nur die Noten 7 und 8, einmal die 6 für das Angaloppieren aus der Passage. Es wäre sogar eine 9 drin gewesen, als nämlich vor Beginn der Prüfung Ahlerich eine Passage zeigte, die diese Note wert war. In der Prüfung waren die Höhepunkte die herrlich übergetretenen Trabtraversalen, schöne Übergänge, die trittgenaue Schaukel, Piaffe, Passage und die bilderbuchmäßige Galopp-Pirouette rechts. Vielleicht hätte etwas mehr Vorwärts in den Einerwechseln stecken können. Die Entwicklungskurve dieses 7jährigen Angelo xx-Sohnes zeigt aufwärts. Bei seinen Grundgangarten und seiner Veranlagung für Passage und Piaffe kann er bei dosiertem Einsatz ein Dressurstar werden.

Erster Grand Prix-Start in Bremen

Gleich am Wochenende nach Münster fand das Hallenturnier in Bremen statt. Ich hatte Ahlerich zum ersten Mal für den Grand Prix genannt. Ob ich ihn dann starten würde, wollten wir an Ort und Stelle entscheiden.

Zu Hause hatte ich die ganze Grand Prix-Aufgabe noch nicht geritten, sondern mich auf die S 9 für Münster vorbereitet. Einmal mußte ich aber die Aufgabe im Training vor Bremen reiten, um genau zu wissen, wo ich besonders aufzupassen hatte. Das geschah am Mittwoch in der Woche zwischen Münster und Bremen. Ich ritt Ahlerich fast eine Stunde lang in Ruhe auf Trense ab, löste ihn zuerst lange und übte dann einzelne Lektionen aus dem Grand Prix.

Wenn man in Prüfungen mit Piaffe und Passage startet, hat es sich als vorteilhaft erwiesen, in den letzten 10 bis 15 Minuten vor dem Einreiten einige kurze Reprisen in Piaffe und Passage zu reiten. Das Pferd weiß dann, was kommt. Der Reiter fühlt sich sicherer. In den letzten 5 Minuten vor dem Einreiten habe ich sowohl bei Ahlerich als auch bei anderen Pferden nach der Piaffe und Passage immer noch einmal kurz zur Entspannung im Schritt die Zügel aus der Hand kauen lassen. Danach habe ich die Zügel aufgenommen, bin angetrabt und habe noch ein paarmal zulegen und einfangen geübt, um mein Pferd für die Aufgabe ganz sicher an den Hilfen zu haben.

So bereitete ich auch das Aufgabenüben zu Hause vor. Ahlerich wurde durch das Piaffieren und Passagieren leicht erregt. Deshalb kam ich mit den 5 Minuten bis zum Aufgabenbeginn nicht ganz aus. Ich verlängerte die Zeit, trabte leicht und schickte ihn an den langen Seiten ziemlich vorwärts. An den kurzen Seiten nahm ich das Tempo zurück und saß aus. Nach zwei bis drei Runden nahm Ahlerich die Schenkel wieder vertrauensvoll an und wurde fauler. Ich parierte ihn zweimal zum Halten durch, ließ ihn dabei ganz sicher stehen und lobte ihn. Jetzt konnte die Aufgabe beginnen.

Um möglichst wenig Probleme zu bekommen, ritt ich in der Aufgabe alle Verstärkungen nur mit halber Kraft. Mein Bestreben war es, ohne Unterbrechung die ganze Aufgabe durchreiten zu können. Das gelang. Mehr konnte und durfte ich vor dem ersten Grand Prix-Start nicht verlangen. Wenn in Bremen bei der S-Dressur am ersten Tag etwas Unvorhergesehenes passierte, wollte ich den Grand Prix-Start ohnehin auf ein späteres Turnier verschieben.

Die Abreitehalle in Bremen war stark geheizt. Das machte einigen Pferden zu schaffen, nicht jedoch Ahlerich. Er war dadurch friedlicher als zu Hause und ließ sich viel besser reiten. Die S-Dressur wurde zu einem Triumph meines Reiterfreundes Josef Neckermann, der mit Duero, Sonnyboy und Adriano die ersten drei Plätze belegte. Dahinter folgte Ahlerich auf Platz 4. Ich hatte zu wenig riskiert.

Das sollte im Grand Prix anders werden. Ich ging am Sonntag frühmorgens noch einmal in die große Halle, um Ahlerich an die Umgebung zu gewöhnen. Er war erstaunlich brav und ließ sich anfassen. Nach kurzem Lösen und einigen halben Paraden zur Feinabstimmung ließ ich ihn aus dem Schritt ein paar Mal anpassagieren, nahm ihn vorsichtig zurück zur Piaffe, passagierte wieder an und ging daraus in den Arbeitstrab über. Ein bißchen erregte sich Ahlerich, aber weniger als zu Hause. Ich parierte durch zum Schritt, bummelte einige Minuten mit hingegebenen Zügeln durch die Arena und nahm dann zur Überprüfung die Zügel nochmals auf. Ich galoppierte an und legte an den langen Seiten zu bis zum starken Galopp. Ahlerich ließ sich treiben und rannte nicht davon. Ich lobte ihn mit einem »brav«, parierte durch zum Trab und bummelte zum Trockenreiten noch ein bißchen herum.

Eigentlich mußte das gutgehen. Ahlerich war gelöst und zufrieden. Ich brauchte nur den Mut, ihn mehr aufzudrehen als am Vortag in der S-Dressur.

Eine gute halbe Stunde vor dem Start begann das endgültige Abreiten vor dem Einritt, diesmal auf Kandare. Ahlerich war sehr leicht, ja fast zu leicht in der Hand. Ich mußte erst eine Weile traben, bis er das Gebiß ehrlich annahm und eine sichere Verbindung hergestellt war. Dann ging ich zum Galopp über und übte an geeigneter Stelle nochmals die 2-Tempi- und die 1-Tempo-Galoppwechsel. Eine Viertelstunde hatte ich noch Zeit. Das war zu lange, um durchzureiten. Deshalb machte ich eine kurze Schrittpause mit hingegebenen Zügeln. Hierbei verfolgte ich in Gedanken noch einmal die Aufgabe. »Noch 10 Minuten«, sagte meine

Das Viereck

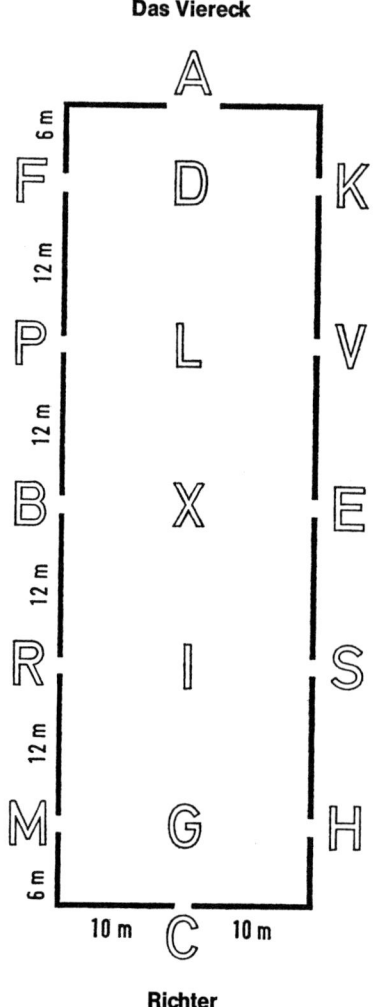

Richter

Frau. Jetzt wurde es ernst. Ich trabte wieder an, stimmte durch einige halbe Paraden wie zu Hause die Hilfen ab und entschloß mich, Ahlerich wenigstens einmal aus dem versammelten Schritt zur Piaffe antreten zu lassen, daraus anzupassagieren und ihn zu loben. Es gab diesmal keine Unruhe. Also konnte ich mutig sein und ruhig bei den Verstärkungen etwas riskieren. Die Bandagen wurden abgenommen. Ein letztes Wischen mit dem Putzlappen über den Rücken, Zylinder aufsetzen und nun hieß es: durchtraben, bis der Lautsprecher zum Einreiten aufrief.

Das Gefühl war gut. Ich konnte Ahlerich richtig anfassen und vorwärts reiten. Im Verlauf der Aufgabe gab es keine nennenswerten Fehler. Ahlerich kannte die Aufgabe noch nicht so genau, was nicht etwa nachteilig, sondern von Vorteil war. Ich habe mit mehreren Pferden die Erfahrung gemacht, daß sie, sobald sie sämtliche Lektionen des Grand Prix beherrschten, die Aufgabe auf den ersten Turnieren viel unbefangener und sicherer gingen. Später wurden sie meistens schlauer. Sie wußten dann bereits vor jeder Lektion, was kam, und wollten den Reiterhilfen zuvorkommen.

Ahlerich zeigte zum Beispiel in Bremen bei seinem ersten Grand Prix in den schwierigen Anfangslektionen im Mittelgalopp durch die Bahn mit fliegendem Galoppwechsel bei X keinerlei Schwierigkeiten. Später wurde mir gerade diese Lektion sehr häufig zum Verhängnis.

In der ersten Piaffe-Passage-Tour war ich in der Hilfengebung zu vorsichtig. Die Passage wurde mit 7 (ziemlich gut) bewertet. In der Piaffe, die matter ausfiel, lauteten die Noten: 6 (befriedigend). Die Galopptour gelang ohne Lektionenfehler und wurde in Einzellektionen mit Noten zwischen 6 und 8 bewertet.

Ein Höhepunkt waren die Schlußlektionen auf der Mittellinie, nämlich die Acht in der Passage, die Piaffe, Passage und Grußaufstellung. Nachdem bis dahin nichts Böses passiert war, ritt ich voll zu, um zu zeigen, über welche Möglichkeiten Ahlerich in Piaffe und Passage verfügte. Das beeindruckte Richter und Zuschauer. Nach dem Gruß begleitete uns ein herzlicher Applaus des großartigen Bremer Publikums bis zum Ausgang. Ahlerich hatte überzeugt. Wir hatten ein neues Grand Prix-Pferd in den Turniersport gebracht. Wenn ich dies gut ein halbes Jahr zuvor in Aachen beim Abschied von Mehmed jemandem vorausgesagt hätte, wäre ich bestimmt ungläubig, wenn nicht gar mitleidig angeschaut worden.

Grand Prix

Lektion Nr.	Lektionen der Aufgabe	Lektion Nr.	Lektionen der Aufgabe
1 A X	Einreiten im versammelten Galopp Halten – Unbeweglichkeit – Gruß Anreiten im versammelten Trab	21 XESI	Passage
		22 I	Piaffe (10–12 Tritte)
2 C MXK KA	Rechte Hand Im starken Trab durch die ganze Bahn wechseln Mitteltrab	23 I	Passage Die Übergänge von der Passage zur Piaffe und von der Piaffe zur Passage
		24 IRMG	Passage
3 A FXH	Mittelgalopp Durch die ganze Bahn wechseln, Galoppwechsel bei X	25 G H	Im versammelten Tempo links angaloppieren Linke Hand
4 MXK K	Im starken Galopp durch die ganze Bahn wechseln Versammelter Galopp u. Galoppwechsel	26 HK K	Starker Galopp Versammelter Galopp
5 A FXH H	Versammelter Trab Im starken Trab durch die ganze Bahn wechseln Mitteltrab	27 AG	Auf die Mittellinie gehen – 6 Galopp- traversalen beiderseits der Mittellinie mit Galoppwechsel bei jedem Richtungs- wechsel, die erste Traversale nach links und die letzte nach rechts zu je 3
6 HCMBX	Mitteltrab		Sprüngen, die übrigen 4 Traversalen zu je 6 Sprüngen
7 X E	Halten – 4 Tritte rückwärtsrichten, 4 Schritte vorwärts – 6 Tritte rückwärts, sofort anreiten im Mitteltrab Linksum	G	Im Rechtsgalopp endend
		28 C MXK K	Rechte Hand Im Mittelgalopp durch die ganze Bahn wechseln mit Galoppwechsel bei X Versammelter Galopp
8 X	Die Übergänge vom Mitteltrab zum Halten (einschl.) und vom Rückwärts- richten zum Mitteltrab	29 A L	Auf die Mittellinie gehen Ganze Pirouette links
9 XEKA A	Mitteltrab Versammelter Trab	30 X I	Galoppwechsel Ganze Pirouette rechts
10 FE	Traversale nach links	31 C MXK	Rechte Hand Auf der Diagonalen 9 Galoppwechsel zu
11 EM	Traversale nach rechts		je 2 Sprüngen (links endend)
12 MCH	Versammelter Schritt	32 FXH	Auf der Diagonalen 15 Galoppwechsel von Sprung zu Sprung (rechts endend)
13 HSXPF FAK	Handwechsel im starken Schritt Mittelschritt	33 MF F	Mittelgalopp Versammelter Galopp
14 K V Zwischen L und P	Versammelter Schritt Rechtsum Halbe Pirouette rechts	34 A L	Auf die Mittellinie gehen Halten – 4 Tritte rückwärtsrichten, daraus sofort anpassagieren
15 Zwischen L und V	Halbe Pirouette links	35 L	Die Übergänge vom versammelten Galopp zum Halten (einschl.) und vom Rückwärtsrichten zur Passage
16	Der versammelte Schritt KV (P) (V) L	36 LG X	Passage Volte nach rechts 8 m Durchmesser,
17 L	Passage Der Übergang vom versammelten Schritt zur Passage		anschließend Volte nach links 8 m Durchmesser
		37 I	Piaffe (10–12 Tritte)
18 LPBX	Passage	38 I	Die Übergänge von der Passage zur Piaffe und von der Piaffe zur Passage
19 X	Piaffe (10–12 Tritte)	39 G	Halten – Unbeweglichkeit – Gruß
20 X	Passage Die Übergänge von der Passage zur Piaffe und von der Piaffe zur Passage		Verlassen der Bahn bei A im Schritt am langen Zügel

Abb. 19. Ein seltener Moment im starken Trab, bei dem kein Huf den Erdboden berührt. Ahlerichs erster Grand Prix-Start in der Bremer Stadthalle 1978.

Die Minuten bis zur Bekanntgabe des Ergebnisses vergingen bei der Freude über die gelungene Vorstellung schnell. Mit 1 023 Punkten (Heinz Schütte 336, Klaus Lohmann 349, Dr. Bösche 338) gewann Ahlerich vor Herbert Rehbein auf Gassendi (1 005) und Herbert Krug auf Festoe (987) auf Anhieb seinen ersten Grand Prix. Die Freude in der Familie Klimke brauche ich wohl nicht näher zu beschreiben. In der Hochstimmung gelang auch am Abend noch der Sieg im Großen Bremer Dressurpreis im Rahmen der Hauptveranstaltung vor dem großen Publikum.

»Ovationen für Dressurkünstler Dr. Reiner Klimke« stand am nächsten Tage als Überschrift über dem Turnierbericht in der Bremer Zeitung. So etwas liest man natürlich viel lieber als die negativen Kritiken, mit denen jeder Leistungssportler auch leben muß.

Ovationen gab es für den Münsteraner Dr. Reiner Klimke, der mit seinem Pferd Ahlerich den Sieg unter 19 Teilnehmern davontrug. Die Richter honorierten die »Leistung« dieses Paares mit 1 023 Punkten. Die olympische Dressuraufgabe mit ihren 39 Lektionen war auswendig in einer Mindestzeit von zehn Minuten zu reiten.

Auf den zweiten Platz kam der Grönwohlder Herbert Rehbein mit Gassendi. Er bekam 1 005 Punkte. Dritter wurde der Hochheimer Herbert Krug, der für seine Vorstellung auf Festoe 987 Punkte bekam.

Ahlerich präsentierte sich unter Dr. Reiner Klimke in bester Verfassung und voll konzentriert. Sein für jedermann erkennbares ausgeprägtes Ohrenspiel machte seine Bereitwilligkeit deutlich sichtbar.

In allen Lektionen ging das Pferd bestechend, geschmeidiges Unterspringen bei der Galopparbeit, gutes Gleichgewicht bei allen sauber ausgeführten Pirouetten sowie die auf der Stelle ausgeführten trabartigen Bewegungen bei der Piaffe waren die Höhepunkte dieser besonderen Vorstellung.

Kein Start auf dem Hallenturnier in Dortmund

Der neue Grand Prix-Sieger wurde in seinem Zuchtgebiet in Westfalen gefeiert und bestaunt. Trotzdem blieben wir auf dem Teppich. Für das Hallenturnier in Dortmund im März gab ich keine Nennung ab. Dort stand die erste Sichtungsprüfung für die Weltmeisterschaft der Dressurreiter 1978 in Goodwood/England an. Ich wußte genau, daß dies für Ahlerich zu früh war und ich den Spitzen-Grand-Prix-Pferden unseres Landes am besten noch einige Zeit aus dem Wege gehen sollte. Der Veranstalter von Dortmund drängte. Er wollte mich wenigstens als Vorreiter für die Dressur-Matinee-Vorstellung am Sonntag morgen im Grand Prix Special haben. Ich bat um Verständnis und sagte ab. Den Grand Prix Special hatte ich mit Ahlerich noch kein einziges Mal üben können. Er war ja gerade erst mit viel Glück so gut durch den Grand Prix gekommen.

Neuwied in der kleinen Tour zur Festigung der Routine

Wenn die Ausbildung mit Ahlerich planmäßig weitergehen sollte, brauchte ich eine Verschnaufpause und dann einen Turnierstart ohne Grand Prix. Diese Gelegenheit bot sich Ende März 1978 in Neuwied, wo Ahlerich aufgrund der Ausschreibung in Klasse M, im St. Georgs-Preis und in der Intermédiaire I gehen konnte. Die Entscheidung hierfür machte sich bezahlt. Ahlerich wurde Zweiter in Klasse M und gewann überlegen sowohl den St. Georgs-Preis als auch die Intermédiaire I.

Ich möchte nochmals kurz erläutern, weshalb diese Prüfungen besser in das Ausbildungskonzept von Ahlerich paßten. Für Prüfungen mit Piaffe und Passage muß man ein Pferd – wie vor Bremen (S. 62) beschrieben – ganz anders abreiten. Ob man es wahrhaben will oder nicht: Das Piaffieren und Passagieren regt ein Blutpferd im Anfangsstadium auf. Will man verhindern, daß es Schaden nimmt und gespannt bleibt, ist man gut beraten, wenn man die Anforderungen zurückschraubt und zwischendurch Starts in den einfachen S-Klassen wahrnimmt. Von diesem Grundsatz habe ich mich bei Ahlerich nicht abbringen lassen und, wie es sich gezeigt hat, großen Erfolg damit gehabt.

Im April 1978 veranstaltete die Deutschlandhalle in Berlin ein Pokalturnier mit Intermédiaire II und Grand Prix für Nachwuchspferde. Das war für Ahlerich eine weitere wertvolle Aufbauprüfung, wo er unter Wettkampfbedingungen im Grand Prix Erfahrungen sammeln konnte. Es gab einen neuen Grand Prix-Sieg, diesmal mit 1035 Punkten.

Ende April bot sich in Berlin-Tegel erneut die Möglichkeit, in Prüfungen der Klasse M und S ohne Piaffe und Passage Turniererfahrungen zu sammeln. Ahlerich siegte zweimal und wurde von Mal zu Mal sicherer. Der Sommersaison konnten wir jetzt beruhigt entgegensehen.

Grand Prix Special

Lektion Nr.	Lektionen der Aufgabe	Lektion Nr.	Lektionen der Aufgabe
1 A X	Einreiten im versammelten Galopp Halten – Unbeweglichkeit – Gruß Anreiten im versammelten Trab	15 A KXM M	Starker Trab Im starken Trab durch die ganze Bahn wechseln Versammelter Trab
2 C HXF F	Linke Hand Im starken Trab durch die ganze Bahn wechseln Versammelter Trab	16 C SXP P	Versammelter Galopp Nach links traversieren Galoppwechsel
3 VXR	Nach rechts traversieren	17 VXR R	Nach rechts traversieren Galoppwechsel
4 CHS SEV VKA A	Starker Trab Versammelter Trab Starker Trab Versammelter Trab	18 HXF	Auf der Diagonalen 9 Galoppwechsel zu 2 Sprüngen, im Rechtsgalopp endend
5 PXS	Nach links traversieren	19 KXM	Auf der Diagonalen 15 Galoppwechsel von Sprung zu Sprung, im Linksgalopp endend
6 CMR RBP PFA A	Starker Trab Versammelter Trab Starker Trab Versammelter Trab	20 HK K	Starker Galopp Versammelter Galopp
7 KLBIH H	Starker Schritt Versammelter Schritt	21 A D	Auf die Mittellinie gehen Ganze Pirouette links
8 HCMG	Versammelter Schritt	22 Zwischen D und G	Auf der Mittellinie 9 Galoppwechsel von Sprung zu Sprung, im Rechtsgalopp endend
9 G	Piaffe (10–12 Tritte)	23 G C	Ganze Pirouette rechts Rechte Hand
10 G	Passage. Die Übergänge vom versammelten Schritt zur Piaffe und von der Piaffe zur Passage	24 MF F	Starker Galopp Versammelter Galopp
11 GHSI RBX	Passage	25 A D LG	Auf die Mittellinie gehen Versammelter Trab Passage
12 X	Piaffe (10–12 Tritte)	26 G	Piaffe (10–12 Tritte)
13 X	Passage. Die Übergänge von der Passage zur Piaffe und von der Piaffe zur Passage	27 G	Der Übergang von der Passage zur Piaffe
14 XEVL PFA	Passage	28 G	Nach der Piaffe Halten – Unbeweglichkeit – Gruß
			Verlassen der Bahn bei A im Schritt am langen Zügel

Der Turniersommer 1978

Erster Vergleich mit der Grand Prix-Spitze in Wiesbaden

Nun war der Zeitpunkt gekommen, einen ersten Vergleich mit den deutschen Spitzen-Grand Prix-Pferden für die Weltmeisterschaft in Goodwood zu versuchen. Dazu bot sich die Gelegenheit auf dem Pfingstturnier in Wiesbaden. In den drei Prüfungen Intermédiaire II, Grand Prix und – bei entsprechender Qualifikation – erstmals im Grand Prix Special mußte es zu einer Standortbestimmung kommen. Ahlerich wurde in allen drei Prüfungen Vierter hinter Harry Boldt auf Woyceck, Uwe Schulten-Baumer auf Slibovitz und Uwe Sauer auf Hirtentraum. Der Notenabstand mit jeweils etwa 20 Punkten bei 5 Richtern zum Drittplazierten zeigte an, daß der Anschluß nach oben nicht mehr weit entfernt war. Mein Freund und früherer Ausbilder Albert Stecken verfolgte Ahlerich mit großem Interesse und sagte mir nachher: »Reiner, du hast ein neues bedeutendes Pferd, das noch besser werden kann als Mehmed. Laß dir nur Zeit.« – Ich folgte dem Rat und ging der ersten Garnitur weiterhin aus dem Weg.

In Balve gab es einen weiteren Grand Prix für Nachwuchspferde, der zur Imagepflege für Ahlerich wie geschaffen war. Ein Sieg mit genau 40 Punkten Vorsprung bei drei Richtern zeigte an, daß Ahlerich inzwischen seine Alterskameraden deutlich übertraf.

Abb. 20. Vor der Schloßkulisse in Wiesbaden-Bieberich zeigt Ahlerich zu Pfingsten 1978 eine vorbildliche Piaffe.

Zwei Grand Prix-Siege in Aachen in der Nachwuchsklasse

Das nächste große Ziel war Aachen Ende Juni 1978. Hier trat die deutsche Dressurmannschaft zum letzten Start vor der Weltmeisterschaft an. Daneben wurde für Nachwuchspferde eine weitere Grand Prix-Tour ausgeschrieben, die inzwischen zum Standardprogramm von Aachen geworden ist. Das war Ahlerich wie auf den Leib geschrieben. Nach einer ersten Vorstellung vor internationalen Preisrichtern im Herbst 1977 in Paris konnte jetzt der Nachweis erbracht werden, welche Fortschritte Ahlerich in der Zwischenzeit gemacht hatte. Das Urteil fiel für uns überwältigend aus. Nach einem schwachen Start in der Intermédiaire II, in der Ahlerich sich ablenken ließ und Fünfter wurde, gewann er mit großem Vorsprung sowohl den Grand Prix als auch den Grand Prix Special.

Der Durchbruch war geschafft. Ahlerich hatte international seine Grand Prix-Qualifikation bestätigt bekommen. Es gab gewiß noch viel auszufeilen. Das wußte ich selbst, aber ich hatte nach Aachen die Gewißheit, daß ich bald unseren Spitzenpferden im Grand Prix mit Ahlerich Konkurrenz machen konnte.

Deutsche Meisterschaften in München als Jahresziel für 1978

Das neue Ziel lautete München vom 28.−30. 7. 1978. Gut einen Monat nach Aachen fanden dort in der Olympia-Anlage die Deutschen Meisterschaften im Reiten statt. In der Woche nach Aachen bekam Ahlerich Trainingspause. Er wurde nur geführt und leicht bewegt. Unterdessen fuhren meine Frau und ich mit Freunden als Zuschauer nach Goodwood, um dort die Weltmeisterschaft der Dressurreiter mitzuerleben. Ich wollte als noch amtierender Weltmeister meinem Nachfolger wenigstens die Hand schütteln und mich sehen lassen, auch wenn ich meinen 1974 auf Mehmed gewonnenen Titel in Goodwood nicht verteidigen konnte.

Mit einem Ahlerich im Stall fiel diese Reise nicht schwer. Auf entsprechende Fragen der Reporter konnte ich mit ruhigem Gewissen antworten: »Ich komme bald mit einem neuen Pferd in den großen Sport zurück.«

Das Ergebnis von Goodwood zeigte an, daß die bis dahin unangefochtene Spitzenposition von Christine Stückelberger aus der Schweiz auf Granat in Bewegung kam. Granat war nach wie vor körperlich auf dem Höhepunkt seiner Leistungsfähigkeit. Aber er war in Goodwood auf dem Viereck in einer Art und Weise ungehorsam, die man sonst bei ihm nur auf dem Abreiteplatz kannte. Der Gewinn des Weltmeisterschaftstitels wurde für Christine Stückelberger zu einem Zittersieg. Ihr großer Konkurrent Harry Boldt, der von 1975 bis 1977 bei den Europameisterschaften und bei den Olympischen Spielen in Montreal 1976 auf Woyceck jeweils hinter Granat Zweiter war, hatte das Pech, daß sich Woyceck am Morgen vor dem Finale im Stall verletzte und nicht ganz klar ging. So mußte er mit einem 5. Platz vorliebnehmen. Sein Mannschaftskamerad Uwe Schulten-Baumer auf Slibovitz dagegen hätte beinahe eine Sensation vollbracht. An Schwung und Ausdruck war sein Pferd die

Abb. 21. CHIO Aachen 1978. Ahlerich in der Trabtraversale nach rechts mit guter Stellung und Biegung.

strahlende Erscheinung dieser Weltmeisterschaft. Uwe Schulten-Baumers Gewinn der Vize-Weltmeisterschaft war hochverdient.

Es zeichnete sich für die Zukunft eine Wachablösung ab, die bei uns in Deutschland am schnellsten bevorstand. Harry Boldts Spitzenpferd Woyceck mußte bis zum Herbst pausieren. Slibovitz verdiente sich aufgrund seines Erfolges bei der Weltmeisterschaft eine Pause. Ende Juli auf den Deutschen Meisterschaften in München bot sich daher für den jungen Ahlerich die Chance, in die Spitzengruppe weiter vorzustoßen und eine Medaille zu gewinnen. Er mußte natürlich an die Leistungen von Aachen anknüpfen und in München drei gute Prüfungen hintereinander gehen.

Die Ausschreibung der Deutschen Meisterschaft sah vor, daß die Intermédiaire II, der Grand Prix und für die fünf Besten der Grand Prix Special zu reiten waren. Die Ergebnisse aller drei Prüfungen wurden addiert, wobei die Punktzahl des Grand Prix Special verdoppelt wurde. Für die verbleibende Trainingszeit von gut zwei Wochen bis zum ersten Start in München war damit der Weg vorgegeben. Ich mußte drei gute Prüfungen reiten und mich nach Möglichkeit im Grand Prix Special noch steigern. Das erforderte in erster Linie eine gute Kondition.

Konditionsarbeit für die Ausstrahlung

Hinter einer Dressurvorstellung, die leicht und mühelos aussieht, verbirgt sich neben der Konzentration eine körperliche Anstrengung, die selbst von Fachleuten häufig unterschätzt wird. Das ist nach meinen Beobachtungen mit ein Grund dafür, daß am letzten Tag im Grand Prix Special manche Pferde konditionsmäßig abbauen und am Schluß die Passagen und Piaffen nur noch mühsam über die Runden bringen. Es handelt sich dabei also nicht nur um mangelnden Gehorsam auf die Hilfen, wie vielfach behauptet wird. Die Ursachen liegen häufig tiefer, nämlich, wie gesagt, in der für diese Prüfung mangelnden Kondition des Pferdes.

Ich habe in den Jahren, in denen ich als Militaryreiter aktiv war, zu erfühlen gelernt, was Kondition bedeutet und wie man sie fördern kann. Nach dem gleichen Prinzip bereite ich unsere Dressurpferde auf wichtige Turniere vor, bei denen mehrere Prüfungen mit steigenden Anforderungen zu reiten sind. Am Beispiel von Ahlerich will ich beschreiben, wie dies in den letzten zwei Wochen vor den Deutschen Meisterschaften in München geschah. In ähnlicher Weise wiederholt sich dies vor großen Entscheidungen immer wieder.

Zunächst sorge ich dafür, daß Ahlerich, bevor ich ihn mittags selbst reite, morgens entweder Schritt geritten oder bis zu einer halben Stunde geführt wird. Longieren oder frei laufen lassen in der Reithalle erfüllt die gleiche Funktion. Da sich Ahlerich nicht gut longieren läßt, lasse ich ihn lieber führen. Sodann verlängere ich im Rahmen der Reitstunde die Lösungsphase und nach der Arbeitsphase die Zeit des Trockenreitens. Das genaue Pensum richtet sich danach, welches Gefühl das Pferd dem Reiter vermittelt. In der Lösungsphase bevorzuge ich Leichttraben auf der Galoppierbahn, oder – je nach Frische des Pferdes – auf beiden Händen einige Runden im Kanter und danach ca. 5 Minuten Erholungspause im Schritt, bevor die Dressurarbeit auf dem Viereck beginnt. Zum Trockenreiten nach der Dressurarbeit habe ich Ahlerich, wenn ich selbst aus beruflichen Gründen die Zeit nicht hatte, entweder meiner Frau oder einer anderen Vertrauensperson zum Spazierenreiten übergeben. War keine geeignete Person zur Stelle, gab ich nach kurzem Schrittreiten den Auftrag, Ahlerich die Beine abzuwaschen und ihn noch ca. eine Viertelstunde zu führen. Wenn die Witterung es zuließ, nahm Claudia Rosner hierzu Ahlerich am Stallhalfter nach draußen und ließ ihn bis zu einer halben Stunde auf der Rasenfläche innerhalb der Galoppierbahn in Ruhe grasen.

Diese Beschäftigung an der frischen Luft ist für den Konditionsaufbau jedes Dressurpferdes vorteilhaft. Durch viel Bewegung ohne ernste Arbeit machen wir das Pferd zufrieden und ausgeglichen. Wir dürfen nie vergessen, daß das Pferd von Natur aus einen stark entwickelten Bewegungstrieb hat, der durch die Stallhaltung gehemmt wird, womit Auswirkungen auf die Psyche des Pferdes verbunden sind. Ein Pferd, welches täglich nur eine Stunde zum Reiten hinauskommt und die restlichen 23 Stunden in der Boxe verbringen muß, ist in seinem natürlichen Lebenskreis so stark eingeengt, daß es seine volle Leistungsfähigkeit kaum entfalten kann. Darüber sollte jeder Ausbilder von Zeit zu Zeit nachdenken.

Der letzte Schliff auf dem Dressurviereck

Parallel zu der Konditionsarbeit verlief die Ausbildung auf dem Dressurviereck, um den einzelnen Lektionen den letzten Schliff zu geben. Diese Arbeit geht in der Ausbildung eines Dressurpferdes eigentlich nie zu Ende. Wir streben zwar die Vollendung an, sind uns aber darüber im klaren, daß wir sie nicht erreichen. Im Grand Prix de Dressage und insbesondere im Grand Prix Special ist der Schwierigkeitsgrad der Anforderungen so hoch, daß wohl niemandem ein Ritt gelingen wird, an dem unter dem Gesichtspunkt der Vollendung (Wertnote = 10) nichts auszusetzen wäre. Worauf kommt es also bei der Arbeit für den letzten Schliff auf dem Viereck in den letzten beiden Wochen vor einem wichtigen Turnierstart an? Jedes Pferd hat Stärken und Schwächen. Die Schwächen sind oft nicht nur routinebedingt, sondern beruhen auf Gebäude- oder Veranlagungsschwierigkeiten. Sie müssen deshalb mit besonderer Sorgfalt und Umsicht bearbeitet werden. Wer sein Augenmerk namentlich vor großen Prüfungen zu sehr auf die schwachen Punkte richtet, läuft Gefahr, daß er sich dort festzieht und den Unwillen des Pferdes provoziert. Wer den Schwächen ausweicht und nur die Stärken seines Pferdes pflegt, erreicht sein Ziel ebenfalls nicht. Das richtige Maß liegt also in der Mitte. Wir dürfen nicht bange sein, uns den Schwächen des Pferdes zu widmen, wir müssen dies nur mit reiterlichem Feingefühl tun.

Bei Ahlerich gab es überall noch Kleinigkeiten auszufeilen. Er gehörte jedoch zu den wenigen Pferden, die von Natur aus die Veranlagung hatten, in jeder Grand Prix-Lektion die Note »Gut« zu erreichen. In der Trabtour hatten sich in den Notenbögen der letzten Turniere immer wieder Bemerkungen gefunden, wonach die Traversalen rechts schlechter bewertet wurden als links. Bei Rechtstraversalen lauteten die Bemerkungen: »matt« oder »wenig schwungvoll«. Das hing damit zusammen, daß Ahlerich die Beine im Trab nach rechts nicht so gern kreuzte wie nach links. Nach rechts mußte er stets etwas mehr aufgefordert werden. Nach links traversierte er fast von selbst. Um den Schwung in der Traversale nach rechts nicht zu verlieren, übte ich Travers an der langen Seite in recht frischem Tempo und danach nur einmal die ganze Rechtstraversale auf der vorgeschriebenen Linie.

Eine weitere Lektion, bei der ich auf den letzten Turnieren unnötig Punkte verloren hatte, war das Einreiten, Halten und Grüßen. Die Bemerkungen lauteten hier: »etwas auslaufend«, »nicht ganz durchlässig«, »über Trab«. Das war mit geschicktem Einsatz der Reiterhilfen behebbar. Ich hatte in der Prüfung die Parade zur Grußaufstellung offenbar zu vorsichtig gegeben. Die Galopp-Pirouetten waren in der Prüfung häufig zu groß geraten, besonders die Rechtspirouette. Das mußte ich einstweilen noch in Kauf nehmen. Wenn ich Ahlerich zu stark versammelte, bekam er Schwierigkeiten, sich auszubalancieren und zog dann die Hinterbeine zu stark an. Hier war eine Verbesserung nur auf lange Sicht möglich durch gefühlvolles Zirkelverkleinern, weil dabei der einzelne Galoppsprung besser zu kontrollieren war.

In der Piaffe- und Passage-Tour kannte Ahlerich inzwischen die Linienführung. Er bot dabei den Übergang von der Passage zur Piaffe an der Mittellinie schon weit vor dem Punkt an. Zur Korrektur versuchte ich, in der Passage nach vorwärts durchzureiten und die Piaffe entweder gar nicht oder aber erst nach dem vorgeschriebenen Punkt einzuleiten.

Dies sind nur einige Beispiele aus der Kleinarbeit vor jedem großen Turnier. Hinzu kommen die bei jeder Tagesarbeit auftretenden Fehler aufgrund unzureichender Hilfenabstimmung bei der Einleitung oder Ausführung von Lektionen wie Galoppwechsel, Zick-Zack-Traversalen, Schaukel oder Übergänge zu Verstärkungen und ihre Rückführung. Als Faustregel bleibt festzuhalten: Je sorgfältiger das Pferd gelöst und danach durch einfache Übungen an die Hilfen gestellt wird, desto sicherer gelingen die schwierigen Übungen. Diese sollten grundsätzlich an den Schluß des Arbeitsteils der Ausbildungsphase auf dem Dressurviereck verlegt werden. Um das Pferd nicht abzustumpfen, sollte keinesfalls jeden Tag in der Arbeit das ganze Programm der schwierigen Lektionen durchgeritten werden. Letzten Endes bestimmt die Tagesverfassung von Reiter und Pferd den genauen Ablauf der Ausbildungsstunde.

Ahlerich wird Deutscher Meister 1978

Sorgfältig vorbereitet fuhr ich mit Ahlerich nach München. Die dortige Anlage mit den vielen verschiedenen Abreiteplätzen kam uns sehr gelegen. Vor der ersten Prüfung zeigte ich Ahlerich auf Trense sämtliche Plätze und ließ mir dabei viel Zeit. Auf einem der Vierecke probierte ich ein paar Lektionen. Danach ritt ich wieder in den Stall zurück. Etwa eine Stunde vor meinem Start zur Intermédiaire II begann das eigentliche Abreiten, und zwar wieder auf Trense. Wenn Ahlerich zu lange auf Kandare ging, fing er an zu schlabbern und hielt den Kopf nicht mehr ruhig. Das war vielleicht ein gewisser Nachteil meiner heimatlichen Arbeit auf Trense.

Als Hauptkonkurrenten in der Intermédiaire II mußte ich Josef Neckermann auf Duero, Uwe Sauer auf Hirtentraum, Uwe Schulten-Baumer auf seinem Zweitpferd Feudal und Herbert Krug auf Festoe ansehen. Von den Berufsreitern, die ebenso wie die Damen in der Intermédiaire II mit den Herren zusammen in einer Prüfung starteten, waren Udo Lange auf Furioso und George Theodorescu auf Amantiado stark einzuschätzen. Mit vorsichtigem Sicherheitsreiten war gegen diese Konkurrenz kein Blumentopf zu gewinnen. Gerade die Intermédiaire II in ihrer damaligen Fassung verlangte reichlich viel Verstärkungen im Trab

Abb. 22. Deutsche Meisterschaften München 1978. Ein Blick auf die Ergebnistafel: gewinnt Ahlerich oder Hirtentraum?

und Galopp. Nur wer hier volles Risiko einging, konnte siegen. Von Josef Neckermann auf Duero wußte ich, daß er volles Tempo reiten würde. Dafür war er zu erfahren. Ich selbst liebte das alleinige Reiten auf Sicherheit ebenfalls nicht. Nur fehlte mir auf Ahlerich jene Routine, die erst durch jahrelange Prüfungsteilnahme möglich wird. Das mußte ich als Reiter überspielen.

Das Ergebnis bescheinigte den Erfolg. Es gab eine 6 und eine 9; ansonsten Noten zwischen 7 und 8. Mit besonderer Genugtuung las ich die Note 9 = sehr gut für Einreiten, Halten, Grüßen und Anreiten. Genau daran hatte ich zu Hause sorgfältig gearbeitet.

Mein Freund Josef Neckermann gewann zwar die Prüfung mit 1445 Punkten; aber mit 7 Punkten dahinter folgte Ahlerich bereits auf dem zweiten Platz. Udo Lange wurde Dritter auf Furioso und Josef Neckermann Vierter mit Sonny Boy. Dadurch wurde ein Abstand zu den nächsten Amateuren Uwe Schulten-Baumer auf Feudal und Uwe Sauer auf Hirtentraum eingebaut, der bereits die Meisterschaft entscheiden konnte. 44 Pferde nahmen an dieser Prüfung teil, eine Zahl, um die uns die ganze Welt beneiden konnte.

Mit Spannung ging es am nächsten Tag in den Grand Prix de Dressage. Josef Neckermann sattelte hier nur noch seinen erfahrenen Sonny Boy, mit dem er Vierter wurde. Zwei Pferde erreichten eine Punktzahl über 1700. Ahlerich gewann ganz knapp mit 1709 Punkten vor Uwe Sauer und Hirtentraum mit 1704. Dritter wurde Uwe Schulten-Baumer auf Feudal mit 1632 Punkten.

Jetzt mußte noch der Schlußtag mit dem Grand Prix Special gemeistert werden. Trotz der Konditionsarbeit in der Vorbereitungszeit äußerten sich bei Ahlerich am dritten Tage leichte

Ermüdungserscheinungen. Der tiefe Boden des Wettkampfviereckes und das verhältnismäßig lange Abreiten vor den Prüfungen hatten ihren Tribut gefordert. Ich mußte jetzt höllisch aufpassen, daß die Ausstrahlung nicht verlorenging. Das Abreiten fiel entsprechend kürzer aus. Ich übte kaum noch Lektionen und munterte Ahlerich in den letzten Minuten auf dem Vorbereitungsviereck durch Verstärkungen auf. Das hielt in der Prüfung bis zur letzten Minute der Aufgabe vor. Ich wähnte mich bereits ganz sicher am Ziel. Doch dann unterliefen nacheinander drei Fehler: Bei den Galoppwechseln von Sprung zu Sprung auf der Mittellinie zwischen den beiden Pirouetten setzte Ahlerich einmal aus. Daraus folgte eine unsaubere Rechtspirouette, und in der Schlußpiaffe vor der Grußaufstellung hatte Ahlerich keine Kraft mehr. Nach ein paar übereilten Tritten hielt er einfach an, so daß ich nur noch grüßen und so tun konnte, als sei dies gewollt. Mein Glück war, daß Uwe Sauer auf Hirtentraum ebenfalls nicht fehlerfrei durch die Prüfung kam und schwache Piaffen zeigte. Dadurch wurde er mit 5 Punkten Rückstand Zweiter, und Ahlerich gewann seine erste Deutsche Meisterschaft.

Die SID-Meldung (Sport-Informations-Dienst) vom Montag, dem 31. Juli 1978 wurde in der Tagespresse mit folgendem Wortlaut abgedruckt:

Dr. Klimke gewann die Dressur

Die Meisterschaft des Routiniers Klimke mit seinem jungen Pferd war der bisherige Höhepunkt einer steilen Karriere. Erst in diesem Jahr hatte der Münsteraner den Wallach zum ersten Mal zum »Grand Prix« – der schwierigsten Aufgabe im Dressursport – gesattelt. Bei acht Starts blieb er siebenmal Sieger. Dabei ließ er in der Deutschen Meisterschaft Reiter mit Pferden hinter sich, die schon eine große internationale Erfahrung haben. »Jetzt werde ich ihn aber in Watte packen und schonen, damit er bei den Olympischen Spielen seine Glanzform erreicht«, versprach der Gewinner von fünf olympischen Medaillen, der seit drei Jahren Ahlerich ausbildet.

Zu Hause in Münster erwartete uns ein freundschaftlicher Empfang, über den die Münster Presse wie untenstehend ersichtlich berichtete.

Reiner Klimke hat Moskau jetzt ganz fest im Visier

Münsteraner besitzt neues »Wunderpferd«

-pp- **Münster** (Eig. Ber.). Der Meister und sein Pferd wurden gebührend und ausgiebig gefeiert: Zu Ehren des 1. Vorsitzenden und frischgebackenen deutschen Meisters im Dressurreiten, Dr. Reiner Klimke, gab der RV St. Georg eine Stehparty im Pferdestall. Und damit das »Wunderpferd« Ahlerich auch was von den vielen Reden mitbekam, fand das Ganze direkt vor der Box des siebenjährigen Wallachs statt.

In Anwesenheit von Constantin Freiherr v. Heereman und Dr. Ferdinand Dohmen als Vertreter des Westfälischen Pferdestammbuches, die neben Dr. Klimke Eigentümer von Ahlerich sind, erzählte der Jurist von der glänzenden Vorstellung in München und lobte dabei das erst 7jährige Pferd über alle Maßen: »Solch ein talentiertes Pferd habe ich noch nie geritten. Der kann jetzt schon fast alles!« Und im Hinblick auf die Olympischen Spiele 1980 in Moskau hofft er: »Mit Mehmed blieb mir nach der Welt- und Europameisterschaft der Olympiasieg verweigert. Ahlerich scheint mir jedoch das Pferd zu sein, mit dem ich alle drei Titel erreichen kann.«

Der Konkurrenz, die auf eine vorzeitige Überforderung des jungen Ahlerichs hofft, nimmt Klimke rechtzeitig den Wind aus den Segeln: »Das ist nicht mein einziges Pferd! Verheizt wird das Talent auf keinen Fall.«

An sich wollte ich die Turniersaison 1978 auf Ahlerich mit dem Gewinn der Deutschen Meisterschaft in München beenden. Zwei Verpflichtungen konnte ich aber nicht ausweichen: dem heimischen Turnier der Sieger in Münster und einer Einladung zum CHIO Rotterdam.

Rotterdam mit Licht und Schatten

Rotterdam fand vom 23.–27. August 1978 statt, also knapp einen Monat nach München. Dort hatte ich in früheren Jahren mit Arcadius, Matador, Privatier, York, Amadeo und Mehmed eigentlich immer Erfolg gehabt und eine herzliche Aufnahme gefunden. Das übertrug sich auf die Leistungen. Man mag abergläubig sein oder nicht, es gibt Turniere, mit denen man sich besonders verbunden fühlt und auf denen dann auch der Erfolg nicht ausbleibt. Und es gibt Turniere, auf denen man ein- oder zweimal Pech gehabt hat, mit der Folge, daß man dort gehemmt an den Start geht und entsprechend schlechter reitet.

Nach München war die Stimmung in unserem Freundeskreis fast überschwenglich. Man glaubte, wir hätten die Spitze jetzt erreicht und würden fortan von Sieg zu Sieg eilen. Ich hatte wenig Lust, mit Ahlerich ernsthaft zu arbeiten, nachdem ich in München mein Jahresziel erreicht hatte. Die meiste Zeit verbrachte ich mit ihm auf der Galoppierbahn oder beim Spazierenreiten über die Stoppelfelder in der näheren Umgebung der Reitanlage. Zwischendurch fuhren wir an dem Wochenende vom 11.–13. August 1978 zu den Westfälischen Meisterschaften nach Vlotho-Exter, wo meine Frau auf Privatier Westfälische Meisterin in der Dressur wurde. Danach packte mich das schlechte Gewissen, und ich begab mich mit Ahlerich wieder mehr auf das Dressurviereck. Ein besonderes Programm legte ich mir nicht zurecht. Ich sah dafür keinen Anlaß, weil sich keine gravierenden Fehler zeigten.

Die Zuversicht, die uns nach Rotterdam begleitete, führte dort schon in den ersten Tagen zum Erfolg. Meine Frau gewann auf Privatier die Intermédiaire I vor Annemarie Keyzer (Niederlande) auf Amon, dem drei Jahre älteren Vollbruder von Ahlerich. Auf Ahlerich gewann ich mit 54 Punkten Vorsprung die Intermédiaire II vor Uwe Schulten-Baumer auf Madras. Es gab fünfmal die Platzziffer 1.

Im Grand Prix wurden wir auf den Boden der Tatsachen zurückgeholt. Ich brachte Ahlerich viel zu frisch an den Start. Dadurch kam ich nicht ehrlich zum Treiben und mußte mehrfach lavieren. Bis zu den Schlußlektionen auf der Mittellinie konnte ich ihn ohne grobe Lektionenfehler durch die Prüfung steuern. Bei der Parade zum Halten, Rückwärtsrichten und daraus Anpassagieren war mein Einfluß zu Ende. Ahlerich wollte nicht halten und verfiel nach der Parade selbständig in die Piaffe. Bei dem Versuch, ihn mit Schenkel, Zügel und Stimme zum Halten zu bringen, piaffierte er nur noch eifriger, so daß ich ihm schließlich verärgert einen Insterburger verpaßte und ihn ohne zu halten rückwärtsrichtete. Eine gute Bewertung war damit vermasselt. Es gab Noten von 1 und 2 für Halten und Rückwärtsrichten, dazu in der dritten Schlußnote für Gehorsam des Pferdes eine 5. Die Gesamtpunktzahl von 1 602 Punkten hätte in normaler Konkurrenz für einen Sieg nicht ausgereicht. Zu meinem Glück erreichte von den übrigen Teilnehmern an diesem Tage kaum einer seine Normalform. Ahlerich blieb als einziges Pferd über 1 600 Punkten und wurde Sieger.

Am Schlußtag wollte ich durch einen guten Ritt im Grand Prix Special die schwache Leistung des Vortages wieder wettmachen. Ich ritt Ahlerich auf Trense eine gute Stunde lang ab, bis er nach meinem Gefühl auf die Schenkelhilfen faul wurde. Dann ritt ich zum Stall zurück, wartete bis eine halbe Stunde vor dem Start und ging dann auf Kandare in die letzte Vorbereitung. Ahlerich blieb brav und gehorsam.

Während der Prüfung ließ er sich gut anfassen. Bis zur ersten Piaffe gelangen alle Lektionen mit großer Sicherheit. Als Ahlerich aus dem versammelten Schritt zur Piaffe antreten sollte, kamen nur ein paar müde Tritte heraus, obwohl ich ihn kräftig antrieb. Zur Passage wurde er wieder munter, so daß die zweite Piaffe besser gelang. Bei den Galoppwechseln von Sprung zu Sprung schlich sich ein Fehler ein. Die Schlußpiaffe auf der Mittellinie mißlang. Ahlerich versuchte stehenzubleiben, was ich nur mit kräftigen Schenkelhilfen verhindern konnte. Entsprechend unharmonisch wirkte die Piaffe. Diesmal reichte die Vorstellung nicht zum Sieg. Ahlerich wurde Zweiter hinter Manfred Schmidtke auf Romeo. Ich hatte mein Pferd zuviel abgeritten und mich bezüglich der Kondition verschätzt. Die Bäume wachsen eben nicht in den Himmel. Mit dieser alten Erkenntnis kehrten wir aus Rotterdam zurück.

Turnier der Sieger in Münster zum Ende der Sommersaison

Am ersten September-Wochenende absolvierte ich mit Ahlerich auf dem heimischen Turnier der Sieger den letzten Start der Turniersaison 1978. Erstmals ging Ahlerich hier in der großen Tour auf dem Dressurviereck vor dem Schloß. Harry Boldt kam aus der WM-Mannschaft von Goodwood auf Woyceck, der seitdem Ruhe gehabt hatte. Uwe Schulten-Baumer brachte Feudal. Udo Lange startete Furioso, mit dem er in München Deutscher Meister der Berufsreiter in der Dressur geworden war. Manfred Schmidtke auf Romeo, der frische Grand Prix Special-Sieger von Rotterdam, und Herbert Rehbein auf Gassendi vervollständigten die Spitzengruppe. Das interessierte Münsteraner Publikum bekam damit großen Sport zu sehen.

Im Grand Prix siegte Ahlerich mit 1 059 Punkten (342, 359, 358) vor Harry Boldt auf Woyceck mit 1 028 Punkten und Uwe Schulten-Baumer auf Feudal mit 1 025 Punkten. Für Ahlerich war dies die höchste Punktzahl, die er bisher bei drei Richtern erreicht hatte. Es war auch sein bisher bester Grand Prix gewesen, der in der Fachkritik in »Reiter und Pferde in Westfalen« wie folgt beschrieben wurde.

Ahlerich imponierte in allen Grundgangarten durch seinen gewaltigen Schub aus der Hinterhand. Sehr gut die Trabarbeit, die Traversalen, gute Schaukel, sehr gut herausgerittene Tempounterschiede, die Schritt-Pirouetten wie aus dem Lehrbuch. Von den beiden Galopp-Pirouetten gelang die zweite besser. Die Zweierwechsel waren gut, die Einerwechsel Bilderbuchwechsel. Passagen und Piaffen gut, die Übergänge Passage-Piaffe-Passage sogar fantastisch. Zu bemängeln: Auslaufendes Halten und ein Ungehorsam im starken Galopp. Hier gelang es durch die große Routine des Reiters, den Wallach sofort zu regulieren. Eine Vorführung mit viel Schwung und Höhepunkten, die mit 1 059 Punkten bewertet wurde.

Der Grand Prix Special am Sonntag morgen gelang noch nicht so gut. Hier schlichen sich erneut Fehler bei den Einer-Galoppwechseln ein. Eigenartigerweise geschah dies genau an der Stelle, an der Ahlerich am Sonntag zuvor in Rotterdam gepatzt hatte. Später habe ich noch öfters die Erfahrung gemacht, daß Ahlerich sich Lektionenfehler, die in einer Prüfungsaufgabe unterliefen, merkte. Kam er dann beim nächsten Start in dieser Aufgabe an die gleiche Stelle, brauchte nur die geringste Ablenkung da zu sein, und sofort wurde Ahlerich wieder unsicher und machte den gleichen Fehler.

An diesem Beispiel mag man ablesen, über welch ein gutes Gedächtnis intelligente Pferde verfügen. Ich habe ähnliche Beobachtungen nicht nur bei Pferden unseres Stalles machen können, sondern auch bei Pferden meiner Reiterfreunde. Wenn in einer Aufgabe eine bestimmte Lektion mißlungen war, wiederholte sich dies häufig auch bei den folgenden Starts und wurde mitunter für den Reiter zu einem Komplex. Als ständiger Beobachter wußte man bereits bei der fraglichen Lektion: Jetzt kommt der Fehler – und schon passierte er auch. Teilweise mag das jeweils auf das Konto des Reiters gegangen sein; aber nicht allein. Das kann ich aus eigener Erfahrung belegen.

Um so schwerer ist es, derartige Fehler wieder auszumerzen. Ich halte das für eine der schwierigsten Aufgaben des Dressurausbilders. Das Grand Prix-Dressurpferd ist durchweg intelligent und auf die Reiterhilfen fein abgestimmt. Tritt hierbei ein Mißverständnis auf, fühlt auch das Pferd sich betroffen. Es weiß, daß es etwas falsch gemacht hat, und wird selbst unsicher. Diese Unsicherheit ist mit Gewaltanwendung nicht wegzureiten. Man kann zwar durch Bestrafung beim Nachexerzieren einen gewissen Korrektureffekt erzielen. Gelöst ist das Problem dadurch aber nicht. Wenn das Pferd die Angst nicht überwindet und zu dem Gelingen der verpatzten Lektion kein neues Vertrauen gewinnt, wiederholt sich der Fehler bei nächster Gelegenheit, manchmal sogar in noch schlimmerer Form, begleitet von einer nachfolgenden Angstreaktion des Pferdes nach der mißlungenen Übung.

Ahlerich habe ich aus derartigen Situationen nur dadurch befreien können, daß ich nach dem Turnier in der Arbeit die Lektion unter ähnlichen Bedingungen mit besonderer Umsicht vorbereitete und ihn bei Gelingen der Übung betont lobte, als hätte er etwas ganz Besonderes geleistet. Dann habe ich durch Reiten anderer Übungen für eine Weile von dem Problem abgelenkt und nach gewisser Zeit die Lektion nochmals geritten, als sei dies eine der einfachsten Übungen überhaupt. Man kann Dressurausbildung auf höchster Stufe nur sehr schwer beschreiben, weil jeder Einzelfall verschieden ist und durch die Eigenart des speziellen Pferdes geprägt wird. Ich kann daher mit meinen Zeilen nur Anregungen geben, die den Reiter zum Nachdenken und Ausprobieren an seinem Pferd veranlassen sollten.

Um auf den Grand Prix Special von Münster zurückzukommen: Ahlerich wurde Dritter hinter Woyceck und Gassendi, weil außer dem Fehler bei den Galoppwechseln von Sprung zu Sprung die Schlußpiaffe mißglückte. Diesmal war der Grund nicht die Faulheit auf die Reiterhilfen. Ahlerich wurde nervös und unsicher. Es war nach meiner festen Überzeugung die Erinnerung an die Unstimmigkeit in Rotterdam, die ich zu Hause in der Vorbereitung auf das Turnier der Sieger nicht genügend beachtet hatte. So endete das Duell mit Woyceck unter Harry Boldt unentschieden.

Das Duell endete unentschieden

Klimke und Boldt gewinnen die beiden großen Dressurprüfungen

-hd- **Münster** (Eig. Ber.). Sieg und Niederlage hielten sich die Waage. In den großen Dressurkonkurrenzen des Reitturniers in Münster konnte der deutsche Meister Dr. Reiner Klimke (Münster) mit seinem siebenjährigen Ahlerich den »Grand Prix« gewinnen und dabei Harry Boldt (Iserlohn) mit Woyceck auf den zweiten Platz verweisen.

In der Spezialaufgabe, nach der bei Olympischen Spielen die Einzelmedaillen vergeben werden, drehte der Olympiazweite von Montreal den Spieß um und revanchierte sich mit einer überlegenen Vorstellung und einem deutlichen Erfolg. Dr. Reiner Klimke wurde im Grand Prix Special mit Ahlerich sogar nur Dritter – Berufsreiter Herbert Rehbein (Grönwohld) schob sich mit Gassendi noch zwischen die beiden alten Rivalen Boldt und Klimke.

Dennoch ist die Erfolgsserie des jungen Ahlerich unter Reiner Klimke sensationell. Bei der deutschen Meisterschaft hatte Woyceck wegen einer Verletzung, die er sich bei der WM in Goodwood (England) zugezogen hatte, gefehlt; deshalb fehlte ein Erfolg über Woyceck in Ahlerichs Sammlung – in Münster ist dies nun am Wochenende vor dem Schloß nachgeholt worden.

Die Niederlage in der Spezialaufgabe ist nicht überzubewerten, weil naturgemäß mit fortschreitender Reife auch die Leistungen steigen. Vizeweltmeister Uwe Schulten-Baumer, der für Warendorf reitet, hatte auf sein bestes Pferd Slibovitz verzichten müssen und fiel im Grand Prix Special mit Feudal auf Rang fünf zurück.

Die Saison 1978 war für Ahlerich damit endgültig abgeschlossen. »Kein Start mehr woanders, kein Start in der Hallensaison November/Dezember«, hatte ich versprochen. Neun Grand Prix-Siege in der ersten Grand Prix-Saison, welches Pferd hat dies jemals aufzuweisen gehabt? Jetzt mußte Ruhe einkehren bis mindestens Mitte Oktober. Bei schönem Wetter sollte Ahlerich viel draußen spazierengeritten werden. Dann wurde der Haarwechsel zum Winterkleid abgewartet, auf den Ahlerich mehr Anfälligkeit zeigte als die anderen Pferde unseres Stalles. Danach sollte die Arbeit wieder aufgenommen werden mit dem Ziel, vielleicht schon 1979 einen Platz in der Mannschaft für die Europameisterschaft der Dressurreiter in Aarhus/Dänemark zu erkämpfen.

Die Winterarbeit 1978/79

Wie sollte dieser Plan im einzelnen aussehen? – Das oberste Gebot lautete: Ahlerich gesund erhalten. Ich sprach mit meinem Freund und Stalltierarzt Dr. Johannes Lückmann, ob etwas Besonderes veranlaßt werden müßte. Ein Anlaß dazu bestand nicht. Der ursprünglich schwache Rücken war durch die Ausbildungsarbeit stark und kräftig genug geworden. Die Sehnen und Gelenke wiesen keine Verschleißerscheinungen auf. Die Muskulatur des Pferdes hatte sich insgesamt gut entwickelt. Man konnte, was Putz und Pflege anbelangte, der Betreuerin Claudia Rosner nur ein dickes Kompliment machen.

Nervlich arbeitete Ahlerich nach wie vor sehr gut mit. Er war empfindsam und reagierte auf jede Kleinigkeit. Er war auch in seiner Persönlichkeit gereift. Die Scheu vor fremden Einflüssen hatte Ahlerich längst abgelegt. Statt dessen zeigte er in vielen Dingen gegenüber

Ahlerichs Erfolge 1978

| Münster 9.–12. 2. | 1. M-Dressur |
| | 1. S-Dressur |

Bremen 15.–19. 2.	4. S-Dressur
	1. Grand Prix
	1. S-Dressur Siegerpreis

Neuwied 17.–19. 3.	2. M-Dressur
	1. St. Georgs-Preis
	1. Intermédiaire I

| Berlin 12.–16. 4. | 2. Intermédiaire II |
| | 1. Grand Prix |

| Berlin-Tegel 28. 4.–1. 5. | 1. M-Dressur |
| | 1. S-Dressur |

Wiesbaden 13.–15. 5.	5. Intermédiaire II
	4. Grand Prix
	4. Grand Prix Special

| Balve 20.–21. 5. | 1. S-Dressur |
| | 1. Grand Prix |

| Freudenberg 9.–11. 6. | 2. Intermédiaire I |
| | 2. Intermédiaire II |

| Lobberich 23.–25. 6. | 1. S-Dressur |

Aachen 27. 6.–2. 7.	5. Intermédiaire II
	1. Grand Prix
	1. Grand Prix Special

München 28.–30. 7.	2. Intermédiaire II
	1. Grand Prix
	1. Grand Prix Special

Rotterdam 23.–27. 8.	2. Intermédiaire II Mannschaft
	1. Intermédiaire II
	1. Grand Prix
	2. Grand Prix Special

| Münster 1.–3. 9. | 1. Grand Prix |
| | 2. Grand Prix Special |

Deutscher Meister

anderen Pferden unseres Stalles eine Selbstverständlichkeit und Sicherheit, die nur ein intelligentes Pferd ausstrahlen kann. Man kann dies mit Worten schlecht beschreiben. Ein Blick in das Gesicht von Ahlerich erklärte alles.

Feinarbeit mit Blick auf die Europameisterschaften 1979

Neue Lektionen brauchte Ahlerich während der Winterarbeit 1978/79 nicht mehr zu lernen. Das Programm des Grand Prix und des Grand Prix Special beherrschte er. Es kam nur darauf an, die Feinarbeit unter Auswertung der Richterprotokolle aus der Saison 1978 vorzunehmen, abgesehen von der sich immer wiederholenden Konditionsarbeit. Es ist wenig nützlich, wenn man sich beim Studium der Richterprotokolle ärgert und den Richtern in Gedanken bescheinigt, daß sie falsch und viel zu streng geurteilt haben. Damit will ich nicht sagen, daß alle Richterprotokolle gut sind. Man lernt im Laufe der Jahre die einzelnen Richter kennen und einzuschätzen. Daraus kann man sich dann diejenigen Protokolle herausgreifen, die für die weitere Arbeit richtungsweisende Hinweise geben. Es mag ehrenvoll sein, wenn ein Reiter erklärt, daß er für seine eigene Überzeugung reitet und sich nicht am Urteil der Richter orientiert. Wenn er aber gewinnen will, nützt ihm dies nichts; denn ausschließlich die Richter entscheiden über Sieg und Niederlage.

Studiert man regelmäßig die Bewertungsbögen der einzelnen Richter, so wird man feststellen, daß manche Bemerkungen immer wiederkehren. Die groben Lektionenfehler behält jeder Reiter selbst im Gedächtnis. Hier geht es aber um die Feinarbeit und das Ausfeilen bestimmter optischer Erscheinungen, die in den Protokollen verschiedener Richter häufig – wenn auch mit unterschiedlicher Betonung – angesprochen werden. Wer es fertigbringt, daraus seine Lehren zu ziehen, ist auf der Siegerstraße.

Neuerdings haben wir durch die Entwicklung auf dem Video-Sektor die Möglichkeit, uns selbst anzuschauen und daraus zu lernen. Darin erblicke ich eine Chance; denn was man mit eigenen Augen sehen kann, ist man eher geneigt zu glauben als das, was einem von unten der Reitlehrer sagt.

Die Winterarbeit ohne Turnierstart bis Januar war in erster Linie auf kraftsparende Übungen ausgerichtet. Darunter verstehe ich viel ruhige Bewegungsarbeit, die aus der Lösungsphase in die Arbeitsphase übergeht. Ich habe Ahlerich dabei ausschließlich auf Trense geritten. Ganz selten habe ich Verstärkungen im Trabe geübt. Ich wußte ja, daß Ahlerich marschieren konnte. Um Piaffe und Passage brauchte ich mich ebenfalls nicht zu sorgen. Ich habe sie im November und Dezember 1978 ganz weggelassen. Die tägliche Arbeit bestand im wesentlichen darin, nach dem Lösen eine weiche Anlehnung zu erzielen, so daß Ahlerich in Selbsthaltung ging. Aus dem Arbeitstempo wurden immer wieder Übergänge vom Trab zum Schritt und vom Trab zum Galopp geübt, danach ganze Paraden zum Halten. In der Galopp-Tour spannte Ahlerich sich leicht bei der Rückführung zur Versammlung. Wenn er nicht ganz gelöst war, machte er sich schon beim Ansatz zur halben Parade im Rücken fest und versteifte die Hinterbeine. Vor der Einleitung zu ganzen oder halben Pirouetten mußte man besonders vorsichtig sein, sonst zuckte er mit den Hinterbeinen. Ich versuchte dies dadurch auszugleichen, daß ich mich selbst nicht schwer in den Sattel setzte. Das allein aber reichte nicht. Ich ging deshalb auf den Zirkel und verkleinerte vorsichtig den

Zirkel bis zu einer kleinen Volte. Dabei blieb Ahlerich entspannt. Trotzdem war mir die Sache unheimlich. Es konnte ja sein, daß Ahlerich im Bereich der Hinterhand irgendwo Schmerzen hatte, die das eigenartige Abfußen verursachten. Auf jeden Fall übte ich fortan kaum noch Pirouetten, um eine Überforderung auszuschließen.

An einzelnen Tagen wurden mit Systematik die Seitengänge verfeinert. Probleme gab es dabei nicht. Insbesondere zeigte Ahlerich keine Neigung, sich im Genick zu verwerfen. Nur war es wichtig, beim Reiten von Trabtraversalen vorher den Ausdruck des versammelten Trabes aufzufrischen, damit der Schwung nicht nachließ.

Ende Dezember wurde wieder umgeschaltet auf die Turniervorbereitung. Das Januar-Turnier in der Halle Münsterland rückte näher. Dort sollte Ahlerich in der Dressur S 10 mit Anforderungen aus dem Grand Prix und in der Kür starten. Ich befaßte mich mit der Aufgabe und ritt an den nächsten Tagen jeweils einzelne Teile daraus, um ihn damit vertraut zu machen. Die Kandare wurde aus dem Turnierschrank hervorgeholt, damit er sich auch daran wieder gewöhnte. Die Umstellung fiel nicht schwer. Ahlerich war körperlich und nervlich in guter Verfassung. Die Lektionen der S 10 nahm er gerne an. Ich hatte das Gefühl, daß ihm das sparsame Lektionenüben der letzten zwei Monate gut bekommen war.

Zwischen Weihnachten und Neujahr wurde wie üblich ein Aufgabentag unter Wettkampf-bedingungen angesetzt, an dem wir mit Ahlerich und den übrigen Pferden unseres Stalles, die in Münster starten sollten, die Aufgaben durchritten. Hierbei offenbarten sich gewisse Mängel in der Anlehnung. Ahlerich nahm die Kandare nicht an. Er spielte mit der Zunge. Also ritt ich an den nächsten Tagen vermehrt auf Kandare, um die Sicherheit in der Anlehnung wiederherzustellen.

Abb. 23. Hoffnungsvoller Anfang in der Halle Münsterland 1979 mit zwei Siegen in der Klasse S und S-Kür.

Hoffnungsvoller Anfang in der Halle Münsterland

Vom 11.–14. 1. 1979 eröffnete die Halle Münsterland traditionsgemäß das neue Turnierjahr. Die Schonzeit war vorbei. Die westfälischen Pferdefreunde erwarteten von Ahlerich eine gute Vorstellung. Sie wurden nicht enttäuscht. Er gewann sowohl die Aufgabe S 10 als auch die S-Kür am Sonntag nachmittag vor dem großen Publikum. Der Punktvorsprung fiel nicht so hoch aus wie beim letzten Start im Herbst auf dem Turnier der Sieger. Es unterlief ein Fehler bei den Zweier-Galoppwechseln, und auch die Linkspirouette hätte besser sein können. Dafür gelang die Piaffe- und Passage-Tour besonders gut. Mit dem Trakehner Hengst Fabian wurde ich bei seinem ersten Start in der Aufgabe S 10 auf Anhieb Fünfter.

Es sind Schwächen auszufeilen

Zwischen Münster und Bremen lag dann ein Monat Pause. In dieser Zeit nahm ich mir vor, die Galopparbeit von Ahlerich zu festigen. Der Fehler bei den Galoppwechseln in Münster sollte sich nicht wiederholen. Auch die Pirouetten mußten besser werden. Es hatte keinen Zweck, der Schwierigkeit mit den Hinterbeinen aus dem Wege zu gehen. Bei den Zick-Zack-Traversalen im Galopp hatte Ahlerich sich angewöhnt, die Galoppwechsel beim Richtungswechsel zu stark zur Seite auszuführen und dabei den inneren Hinterfuß zu verkrampfen. Dies alles konnte nicht nur überspielt werden. Ich mußte versuchen, die Schwächen durch ehrliche Arbeit abzustellen.

Bei den Galoppwechseln war das kein Problem. Hier brauchte ich nur den Mut aufzubringen, das Tempo frei genug anzulegen, damit Ahlerich weit nach vorn durchspringen konnte. Für die Pirouetten brauchte ich mehr Zeit. Ich durfte Ahlerich dabei vor allem nicht aufregen. Dann zuckte er erst recht. Wenn er aber gelassen blieb, gelangen auch die Pirouetten tadellos. Es war dann eine Sache des reiterlichen Feingefühls, einerseits den Rhythmus der Galoppbewegung beizubehalten, andererseits aber den Schwung nicht zu übertreiben, um nicht in die bekannte Spannung zu geraten. An diesem Problem habe ich später mit Ahlerich noch lange Zeit feilen müssen, bis ich es in den Griff bekam.

Ähnlich verhielt es sich mit den Zick-Zack-Traversalen. Ahlerich war in dieser Lektion so schlau geworden, daß er beim Richtungswechsel versuchte, den Reiterhilfen zuvorzukommen. Dadurch wurde es mir fast unmöglich gemacht, den Galoppwechsel geradeaus anzulegen und erst danach in die neue Richtung zur nächsten Traversale überzugehen. Was also war zu tun? – Ich mußte vorübergehend die vorgeschriebene Sprungzahl der Zick-Zack-Traversale vergessen. Diese lautete in der bis 1982 gültigen Grand Prix-Aufgabe:

> *Auf die Mittellinie gehen – 6 Galopptraversalen beiderseits der Mittellinie mit Galoppwechsel bei jedem Richtungswechsel, die erste Traversale nach links und die letzte Traversale nach rechts zu je 3 Sprüngen, die übrigen 4 Traversalen zu je 6 Sprüngen – im Rechtsgalopp endend.*

Diese Lektion gehört zu den schwierigsten Übungen im Grand Prix. Zur Korrektur des von Ahlerich gezeigten Verhaltens legte ich nach jeder Traversale im Tempo zu, blieb zwei bis drei Galoppsprünge geradeaus, wechselte danach geradeaus und lenkte dann erst hinüber in die nächste Traversale. Dabei nahm ich vor dem Richtungswechsel den neuen inneren Schenkel recht fest ans Pferd, um ein zu frühes Umspringen zu verhindern. Natürlich reichte jetzt die Länge des Vierecks nicht mehr aus, um alle 6 Traversalen zu reiten. Das störte mich aber nicht. Ich ließ einfach 2 Traversalen in der Mitte aus und nutzte den dadurch gewonnenen Raum für die Korrektur nach vorne aus. Das brachte den gewünschten Erfolg. Doch ich muß auch hier einräumen, daß Ahlerich nicht in kurzer Zeit von seiner Unart abzubringen war, während der Zick-Zack-Traversale beim Richtungswechsel den Hilfen des Reiters zuvorzukommen. Ich habe dieser Lektion in der Prüfung stets besondere Aufmerksamkeit widmen müssen. In der Arbeit habe ich sie gemieden, um mich mit Ahlerich nicht unnötig anzulegen. Nur wenn er seinen Übermut übertrieb und ich glaubte, einschreiten zu müssen, habe ich – zugleich als gewisse Bestrafung – diese Lektion mit ihm in der beschriebenen Korrekturform mehrmals hintereinander geübt. Dabei habe ich es mir meistens nicht verkneifen können, meinen Unwillen über sein Verhalten durch Schimpfen zum Ausdruck zu bringen, was er sehr wohl verstand.

Bremen – unser Glücksturnier

Vom 7.–11. Februar 1979 fand das Hallenturnier in der Bremer Stadthalle statt mit dem ersten Grand Prix des Jahres 1979. Jedes Jahr erlebten wir hier ein steigendes Interesse an den Dressurprüfungen. Man darf wohl ohne Übertreibung sagen, daß Bremen zu einer Hochburg für die Dressur geworden ist.

Wir selbst haben in Bremen zahlreiche Freunde, die uns stets mit großer Herzlichkeit betreuen. Es bleibt dabei nicht aus, daß der Schlaf zu kurz kommt und man dem Alkohol nicht ganz abschwören kann. Wer dann am frühen Morgen um fünf, sechs Uhr oder kurz danach in der S-Dressur starten muß, hat schon einen starken Willen aufzubringen. Diesmal hatten meine Bremer Freunde das Klassenziel erreicht. Es fing mit der üblichen Einladung zum Abendessen an. Danach wurde in gelockerter Stimmung den köstlichen Getränken zugesprochen, erst schüchtern mit Blick auf den frühen Start am nächsten Morgen, dann freizügiger. Das Ende kann man sich denken . . .

Ich wurde pünktlich wach und erschien auch zur verabredeten Zeit um halb sechs Uhr zum Abreiten im Stall. Doch der Blick von Claudia Rosner sagte alles. Es fiel ihr nicht leicht, mir ihren »Ali« für den Start in der S-Dressur fertigzumachen. Fröhlich, wie man sich in solcher Stimmung fühlt, versprach und versuchte ich mein Bestes. Aber davon hatte ich an diesem Morgen nicht viel zu bieten. Schon beim ersten starken Trab, den ich vehement anging, galoppierte Ahlerich an und konnte am Ende der Diagonalen von mir nur gebremst werden, weil dort die Halle aufhörte. Es ist mir bis heute unerklärlich, weshalb Ahlerich von dann an ohne Lektionenfehler die Aufgabe durchging und am Schluß noch als Sechster plaziert wurde. Die Lehre daraus war bitter, und ich habe mir geschworen, mich niemals mehr einer solchen Situation auszusetzen.

Den Nachmittag verbrachte ich im Hotel und schlief mich aus. Am nächsten Tag wollte ich im Grand Prix alles wiedergutmachen. Ich bereitete mich auf dem Abreiteplatz sorgfältig vor und konnte meinen Vorjahressieg im Grand Prix mit 38 Punkten Vorsprung wiederholen. Ich erhielt von allen 3 Richtern die Platzziffer 1 und gewann vor Gabriela Grillo auf Ultimo und Herbert Rehbein auf Gassendi. Bremen blieb am Ende unser Glücksturnier. Ahlerich gewann – 8jährig – seinen 10. Grand Prix.

Bremen, den 11. 2. 1979
Dressurprüfung »Grand Prix de Dressage«
Richter bei H: Dr. Specht   C: Lohmann   M: Schütte

				H	C	M	Total
1.	12	Ahlerich	Dr. R. Klimke	342 (1)	349 (1)	338 (1)	1029
2.	561	Ultimo	G. Grillo	330 (2)	226 (4)	335 (3)	991
3.	240	Gassendi	H. Rehbein	321 (4)	324 (5)	329 (4)	974
4.	344	Lido	H. Boldt	305 (9)	346 (2)	320 (6)	971
5.	23	Amantiado	G. Theodorescu	316 (5)	339 (3)	315 (8)	970
6.	221	Furioso	U. Lange	326 (3)	304 (9)	337 (2)	967
7.	135	Dohna	U. Sauer	309 (8)	315 (7)	324 (5)	948
8.	192	Feudal	U. Schulten-Baumer	310 (7)	321 (6)	316 (7)	947
9.	457	Rabauke	K. Balkenhol	313 (6)	301 (13)	310 (10)	924
10.	542	Taifun	M. Broeker	302 (10)	259 (15)	311 (9)	918
11.	55	Banjo	H. Pfeiffer-Bando	296 (13)	306 (8)	306 (11)	908
12.	171	Elektron	I. Becher	301 (12)	296 (14)	299 (13)	896
13.	30	Anteus	G. Bagdahn	302 (10)	302 (11)	290 (15)	894
14.	74	Cassius	I. Theodorescu	290 (14)	302 (11)	300 (12)	892
15.	383	Mars	K. Rehbein	285 (15)	313 (10)	295 (14)	883
16.	48	Attila	L. Plötz	269 (16)	284 (16)	279 (16)	832
17.	579	Wannsee	A. Kolster	265 (17)	273 (17)	278 (17)	816

Dortmund 1979 – der Beginn einer Krise

Der schwerste Start in der Hallensaison stand jedoch erst bevor. Vom 14.–18. 3. 1979 traf sich die Elite der deutschen Dressurreiter in der Dortmunder Westfalenhalle zu einem ersten Kräftemessen für die Europameisterschaft der Dressurreiter in Aarhus/Dänemark. Für Ahlerich sollte es der erste Start in Dortmund werden. Ich wollte versuchen, die Zeit zwischen Bremen und Dortmund auszunutzen, um ihn optimal darauf vorzubereiten.

Im nachhinein muß ich sagen, daß mir dies nicht gelungen ist. Ich machte schon in der Vorbereitungszeit zu Hause in Münster entscheidende Fehler, die sich in Dortmund fortsetzten. Im Grand Prix von Bremen hatten sich trotz des Sieges einige Schwächen gezeigt, die ich bis Dortmund beheben wollte. Zwar hatte ich es geschafft, in der Zick-Zack-Traversale von 2 der 3 Richter eine 7 (ziemlich gut) zu bekommen. Aber in den Pirouetten hatten sich erneut Spannungen bemerkbar gemacht. Was mich noch mehr wurmte, war die Tatsache, daß Ahlerich in der Piaffe-Passage-Tour zwar je nach Laune allein sehr gut arbeitete, auf Hilfen des Reiters aber geradezu allergisch reagierte. Ich brauchte nur die Schenkel etwas mehr an den Pferdeleib legen, und schon spannte sich Ahlerich, machte den Rücken fest und führte mit den Hinterbeinen hopsende Bewegungen aus, wie ich sie noch bei keinem Pferd erlebt habe. So nahm ich mir vor, ihm an dem Sonntag vor Dortmund bei dem eigens hierfür angesetzten Aufgabenreiten einmal richtig den Marsch zu blasen. Ich brauchte nur aus der Passage auf den Spiegel an der gegenüberliegenden Seite der Reitbahn abzuwenden, um Ahlerich in Erregung zu versetzen. Er sah sich dann im Spiegel und drehte durch. Ein Übergang zur Piaffe war kaum zu erzielen. Ich erzwang ihn jedoch mit Gewalt und bestrafte Ahlerich mit kräftigen Sporen- und schimpfenden Stimmhilfen, als er wieder zu hopsen anfing. Ahlerich resignierte nach anfänglichem Widerstand und piaffierte schließlich artig. Es war aber ein Pyrrhus-Sieg, den ich errungen hatte.

Trotz betont guter Behandlung an den nächsten Tagen blieb Ahlerich reserviert und mißtrauisch. Das machte mich unsicher. Ich drosselte die Arbeit und wollte ihn auf keinen Fall müde machen. In Dortmund taten unglückliche Begleitumstände ihr übriges. Die Abreitehalle ist dort recht klein. Dauernd gehen Pferde herein und hinaus. Außerdem wird morgens auf Schubkarren Futter hereingebracht. Kurz vor meinem Start kam ein solcher Futterkarren. Ich war gerade damit beschäftigt, noch einmal einen Übergang von der Passage zur Piaffe zu üben und beachtete die äußere Störung nicht. Ahlerich sah den Futterwagen und hopste erneut. Ich verlor die Nerven und bestrafte ihn. Kurz darauf rief der Ordner: »Bitte einreiten.« Meine Frau rief mir noch zu: »Bleib ruhig und mach's gut.« Doch es half nicht mehr. Nach gutem Anfang explodierte Ahlerich beim Übergang aus der Passage zur Piaffe und hopste dort mit beiden Hinterbeinen gleichzeitig in der ihm eigenen Manier.

Von nun an konnte ich nur noch lavieren und die Aufgabe mit viel Glück beenden. In der Plazierung landeten wir abgeschlagen mit weitem Punktrückstand an 7. Stelle (1 621 Punkte). Der entscheidende Hallenstart in der Wintersaison war mißglückt. Es läßt sich nicht leugnen, daß ein solcher Fehlstart auf die Stimmung drückt. Ich war traurig und nahm mir vor, am nächsten Tag im Grand Prix Special eine bessere Vorstellung zu bringen. Ob ich es wollte oder nicht: Ich mußte Ahlerich dazu am Morgen vor dem Grand Prix Special so lange abreiten, bis er gehorsam war. Dies gelang um den Preis der Ausstrahlung meines Pferdes.

Ein gehorsamer Ahlerich erschien zum Grand Prix Special in der Dressur-Matinee am Sonntag morgen. Der erste Teil der Aufgabe gelang im Ablauf der Lektionen fehlerlos. Die erste Piaffe-Passage-Tour absolvierte er ohne Stockung oder ungleiche Tritte. Danach wurde er faul, mußte getrieben werden und quittierte dies durch Schweifschlagen. Gleichwohl führte er alle Galoppwechsel und die Pirouetten fehlerlos aus. In der Schlußlektion auf der Mittellinie war die Kondition zu Ende. In der Piaffe versuchte Ahlerich stehenzubleiben. Nach dem Gruß ging er wie ein korrigierter Schüler nach Hause. Die Zuschauer spürten dies und spendeten nur wenig Applaus. Die Verbesserung in der Plazierung um einen Platz auf Platz 6 war nur ein schwacher Trost. Gemessen an den hohen Erwartungen, die man allgemein auf Ahlerich gesetzt hatte, war dies eine Enttäuschung.

Abb. 24. Westfalenhalle Dortmund 1979. Ahlerich in ausdrucksvoller Passage bei der Vorstellung vor dem großen Publikum.

In dem Pressebericht kam dies eindeutig zum Ausdruck. Mir wurde eine forcierte Ausbildung vorgeworfen, die bereits Merkmale des Verschleißes aufweise. Das traf tief; denn alles ließ ich mir angesichts der wenig überzeugenden Vorstellungen von Dortmund nachsagen, nicht aber den Vorwurf, ein veranlagtes Pferd bereits überfordert zu haben. Gut, ich hatte bei der Vorbereitung Fehler gemacht, die sich bei einem so empfindsamen Pferd wie Ahlerich sofort auswirkten. Aber ein Pferd kaputtzureiten, das hatte mir noch niemand zuvor nachsagen können. Und ich wollte beweisen, daß auch ein von Natur aus nicht gerade starkes Pferd wie Ahlerich durch systematische Ausbildung nicht etwa frühzeitig verschlissen, sondern im Laufe der Jahre gesünder und kräftiger werden würde.

Um den Beweis anzutreten, nahm ich mir vor, Ahlerich noch mehr zu schonen und erst nach dem Haarwechsel im Mai wieder herauszubringen. Ich nahm ihn nach Dortmund aus dem Training und vertraute ihn meiner Frau an. Ich selbst beschäftigte mich vorwiegend mit Fabian, der in Neuwied seinen ersten Grand Prix gehen sollte.

Neuwied wurde für Fabian, der wie Ahlerich 8jährig war, zu einem überragenden Erfolg. Mit einem Sieg in der Intermédiaire I, dem 2. Platz in der Intermédiaire II und dem dritten im Grand Prix eroberte er die Herzen des dortigen Publikums. Fabian war eine Schönheit, wie sie selten geboren wird, ein Musterbeispiel für Treue und Leistungsbereitschaft. Leider kehrte er mit einer Erkältung heim und steckte in Münster seine Stallkameraden an. Die Folge war, daß wir den ganzen Monat April herumlaborierten, um die Pferde wieder fieberfrei zu bekommen. Ahlerich traf es am härtesten, zumal er in dieser Zeit gerade den Haarwechsel durchmachte. Ich konnte ihn erst Ende April wieder reiten. Dabei zeigte er sich lurig und ohne Saft und Kraft.

Sorgenvoller Sommeranfang 1979

Die Europameisterschaften der Dressurreiter fielen bereits auf das erste Juni-Wochenende. Danach richtete sich die gesamte Vorbereitung. Für die Woche vom 7.–13. 5. 1979 war ein Lehrgang mit anschließenden Ausscheidungsprüfungen auf dem Schafhof in Kronberg angesetzt. Bis dahin hatte ich noch knapp zwei Wochen Zeit. Ich versuchte, Ahlerich viel draußen an der frischen Luft zu reiten, damit er bald wieder munter würde. Doch der Erfolg blieb aus. Ahlerich fraß schlecht und erlitt einen Rückfall mit Fieber und Husten. Zu dem Lehrgang in Kronberg mußte ich mich abmelden. Der Traum von einer Teilnahme an den Europameisterschaften in Aarhus war vorbei.

Jetzt wurde umgeschaltet. Das Wichtigste war, Ahlerich wieder vollständig gesund zu bekommen und Turniere vorerst zu vergessen. Die zum Teil bösartigen Sticheleien in der Presse über das vorzeitige Ende der Laufbahn von Ahlerich taten weh. Wir mußten sie einstecken, ohne uns im Augenblick dagegen wehren zu können. In diesen Wochen habe ich viel durchgemacht. Ich stürzte mich in meine Arbeit im Büro und versuchte, dabei die Sorgen um Ahlerich zu vergessen. Die ganze Familie litt mit.

Nach Kronberg konnte ich Ahlerich wieder leicht bewegen. Er hatte an Gewicht eingebüßt, hustete aber nicht mehr. Die Bewegung an der frischen Luft brachte jetzt Erfolg. Ende Mai hatte ich das Gefühl, die Krise sei überwunden; denn Ahlerich wurde langsam übermütig und buckelte beim Lösen. Dann passierte das nächste Mißgeschick. Er vertrat sich beim Lösen und setzte anschließend das rechte Hinterbein kaum noch auf. Ich hätte heulen können und ahnte sofort, daß dies eine langwierige Sache werden konnte. Das Pech war uns in diesem Frühjahr treu geblieben.

An den folgenden Tagen erhielt Ahlerich auf Anweisung des Tierarztes strikte Ruhe. Die Tücke der Verletzung bestand darin, daß sich keine Schwellung zeigte, die man behandeln konnte. Eine Anästhesie ergab, daß der Sitz der Zerrung eindeutig in dem Bereich vom Sprunggelenk an aufwärts sein mußte. Das Röntgenbild zur Kontrolle ergab keinen Befund. Darüber konnte ich beruhigt sein. Nun mußten wir uns abermals in Geduld fassen und die Zeit abwarten, bis die Zerrung ausgeheilt war.

Die Turniersaison schritt fort. Wir glänzten durch Abwesenheit, was in der Presse weitere Spekulationen auslöste. Die Erkältung glaubte uns keiner mehr. Sie war ja auch inzwischen verschwunden. Neue Erklärungen abzugeben wagte ich nicht. Wir hüllten uns in Schweigen und mußten weiter abwarten.

Vom 12.–17. 6. 1979 fand das Turnier in Aachen statt. Dort wollten wir nach Möglichkeit mit den übrigen Pferden unseres Stalles an den Start gehen, meine Frau mit Privatier, ich selbst mit Feuerball und Fabian. Sollte Ahlerich rasch wieder genesen, wollte ich ihn auf jeden Fall mit nach Aachen nehmen, um ihn dort auf den Abreiteplätzen vorsichtig zu arbeiten. Die Tage bis Aachen wurden lang. Jeden Morgen fuhr ich vor dem Büro als erstes am Stall vorbei und ließ mir Ahlerich vorführen. Der Tierarzt war zuversichtlich und sagte, ich brauchte nur Geduld zu haben. Aber gerade daran mangelte es mir, weil ich immer wieder von Freunden und Bekannten angesprochen wurde, wann ich mit Ahlerich starten würde.

Auch diese schwere Zeit ging zu Ende. Der Tierarzt gab Ahlerich zur Bewegung unter dem Sattel frei, und damit wuchs meine Zuversicht. Der unterschwellige Vorwurf, ich hätte Ahlerich überfordert und zu schnell ausgebildet, saß tief in meinem Herzen. Ich wußte, daß das nicht stimmte und ich die Ausbildung dieses empfindsamen Pferdes mit aller Vorsicht durchgeführt hatte. Keine lange Reitgerte und keine scharfen Sporen hatte ich benutzt. Mit viel Geduld hatte ich aus dem 4jährigen schmächtigen Ahlerich einen bemuskelten Athleten gemacht. Dies alles sollte nun auf einmal nicht mehr wahr sein? – Ich mußte das Gegenteil auf dem Dressurviereck beweisen. Dies war die einzige Antwort, die ich geben konnte.

Bis zum Turnier in Aachen war Ahlerich konditionsmäßig so weit wiederhergestellt, daß ich ihn bedenkenlos mitnehmen konnte. Einen Start riskierte ich aber nicht. Ich blieb bei meinem Entschluß, ihn dort nur eine Woche lang vorsichtig zu arbeiten. Er war seit Dortmund nicht mehr gestartet. Es wäre vermessen gewesen, die Sommersaison 1979 mit ihm in Aachen zu beginnen.

14 Tage nach Aachen folgten die Deutschen Meisterschaften in Berlin. Auch das war für ein Debüt in der Sommersaison mutig. Nachdem ich jedoch von Seiten meiner Freunde gedrängt wurde und Ahlerich in körperlich guter Verfassung war, sagte ich zu.

Es geht wieder aufwärts

Die Deutschen Meisterschaften in Berlin vom 29. 6.–1. 7. 1979 sollten Ahlerich wieder positiv ins Gespräch bringen. Zwar war an eine Titelverteidigung nicht zu denken, da die gesamte deutsche Spitzengruppe mit ihren Erstpferden zugesagt hatte. Aber vielleicht würde es mir gelingen, in die Medaillenwertung zu kommen.

Die Ausschreibung entsprach der von München. Es begann mit dem Mannschaftswettkampf im Rahmen der Intermédiaire II. Die westfälische Mannschaft, in der Ahlerich das beste Ergebnis verzeichnete, wurde Dritte und gewann damit die Bronzemedaille. Das war ein guter Auftakt. Ahlerich erzielte in der Einzelplazierung dieser Prüfung mit 1456 Punkten den 4. Platz. Es unterlief kein grober Lektionenfehler. Nur ritt ich ein wenig vorsichtig, um auf Nummer Sicher zu gehen.

Im Grand Prix am folgenden Tag riskierte ich wiederum zu wenig, so daß die Ausstrahlung von Ahlerich kaum zur Geltung kam. Ich hatte mich verschätzt und offensichtlich noch nicht wieder das richtige Maß für die Prüfung gefunden. Am Abend sprachen wir darüber im Schweizer Hof. Ich mußte mir viele Spötteleien gefallen lassen, die sinngemäß lauteten: »Hast Du das Vorwärtsreiten verlernt?« – »Warum riskierst Du nichts?« – »Ist Dein Pferd noch krank?« – Als wir die Bar verlassen wollten, kam Constantin Freiherr von Heereman, der sich aus anderem Anlaß zufällig in Berlin aufhielt. Als Freund und Mitbesitzer von Ahlerich wollte er natürlich kurz wissen, wie es uns ergangen war. Ein Wort gab das andere, und wir verabschiedeten uns zu später Stunde mit dem Versprechen: »Morgen wird vorwärts geritten«.

Es gelang, dieses Versprechen im Grand Prix Special wahrzumachen. Hinter dem überlegen gehenden Slibovitz unter Uwe Schulten-Baumer wurde Ahlerich Zweiter und errang damit in der Einzelwertung der Meisterschaft die Bronzemedaille. Nach den schweren Wochen, die hinter uns lagen, war dies wie die Befreiung von einem Alptraum. Die Welt war wieder in Ordnung.

Schulten-Baumer ist Meister

Münsteraner Dr. Reiner Klimke mit Platz drei sehr zufrieden

Berlin (dpa/lbn). Zufrieden gab sich der neue Meister der Dressurreiter nach seinem ersten deutschen Titelgewinn. »Es hatte mich schon ein bißchen gewurmt, daß ich diese Konkurrenz noch nie gewinnen konnte«, gestand der 24jährige Medizinstudent Uwe Schulten-Baumer (Warendorf). International hatte er mit seinem Fuchswallach Slibovitz schon beachtliche Erfolge errungen, war im vergangenen Jahr sogar Vizeweltmeister geworden.

Die größte Freude aber zeigten die Gewinner der silbernen und bronzenen Meisterschaftsmedaille: Der Düsseldorfer Polizeihauptmeister Klaus Balkenhol mit dem Polizeipferd Rabauke und der Münsteraner Rechtsanwalt Dr. Reiner Klimke, der Ahlerich gesattelt hatte. »Das ist doch ein Bombenerfolg. Schließlich war ich zum ersten Mal bei einer Meisterschaft dabei«, meinte Balkenhol. Und Klimke, der schon drei deutsche Meistertitel errungen hat, der Welt- und Europameister sowie Mannschafts-Olympiasieger war, jubelte: »Das ist doch prima, daß ich

noch eine Medaille bekomme. Es geht wieder aufwärts mit dem lange kranken Ahlerich.« Auch Bundestrainer Willi Schultheis zollte ihm Anerkennung, »Reiner, Dein Ritt war echt gut«. Selbst Manfred Schmidtke aus Neuss, den Klimke noch vom Medaillenrang verdrängte, gab uneingeschränkt zu, »er war heute besser.«

Klimke, der wegen Erkrankung von Ahlerich in dieser Saison kaum starten konnte, bestach im Grand Prix Special durch eine ausgezeichnete Leistung. Der Jurist: »Meinem Pferd fehlen einfach in dieser Saison die Wettkämpfe. Doch die Olympischen Spiele finden ja bekanntlich erst im nächsten Jahr statt.«

Ergebnisse: 1. Uwe Schulten-Baumer (Warendorf) Slibovitz 4 656 Punkte, 2. Klaus Balkenhol (Düsseldorf) Rabauke 4 388, 3. Dr. Reiner Klimke (Münster) Ahlerich 4 366, 4. Manfred Schmidtke (Kaarst) Romeo 4 302, 5. Carl Graf von Hardenberg (Nörtenberg-Hardenberg) Anteus 3 902.

Die große Saison des Jahres 1979 war damit leider schon beendet. Europameisterschaften, Derby, Wiesbaden, Aachen, alle Großereignisse hatten sich auf die Monate Mai und Juni verteilt. Es gab erst im Herbst wieder Gelegenheit, sich mit den Spitzenreitern zu messen. Deshalb lohnte es sich nicht, Ahlerich in Wettkampfkondition zu halten. Das Trainingspensum wurde wieder zurückgeführt auf kräfteschonende Bewegungsarbeit.

Westfalenmeisterschaft gegen Harry Boldt auf Woyceck

Die Westfälischen Meisterschaften der Senioren im Springen und in der Dressur wurden vom 10.–12. August 1979 in Siegen durchgeführt. Daran wollten wir mit den Pferden unseres Stalles teilnehmen. Die Pferde waren im Juli nur draußen an der frischen Luft gewesen und dementsprechend munter. In der Woche vor Siegen übten meine Frau auf Feuerball und ich auf Ahlerich und Fabian die Aufgaben für die Meisterschaft. Fehler, die sich dabei ergaben, wurden an den folgenden Tagen in Einzelarbeit ausgefeilt. Mit Zuversicht konnten wir der Meisterschaft entgegensehen.

Ahlerich traf in Siegen auf Woyceck unter Harry Boldt, der bei den Europameisterschaften in Aarhus die Bronzemedaille in der Einzelwertung gewonnen hatte. Das gab dem Wettkampf einen bestimmten Reiz. Den Vergleich mit Woyceck bestand Ahlerich glänzend. Zwar gelang es Harry Boldt, die erste der drei Wertungsprüfungen für sich zu entscheiden. Die zweite Wertungsprüfung und das Finale mit Anforderungen aus dem Grand Prix sahen jedoch eindeutig Ahlerich vorn, der damit nach 1977 zum zweiten Mal die Westfalenmeisterschaft gewann. Ein bißchen strahlte dieser Erfolg auch nach außen, da er gegen Harry Boldt auf Woyceck errungen war.

Bei den Damen gelang es meiner Frau, auf Feuerball die Silbermedaille zu gewinnen. Wir hatten also einen doppelten Grund zur Freude. Die sorgfältige Turniervorbereitung hatte sich ausgezahlt.

Turnier der Sieger mit neuem Notenrekord

Ein wenig von dem angeknacksten Vertrauen hatte Ahlerich in Berlin und Siegen zurückgewonnen. Das konnte man aus den Kritiken herauslesen. Um so mehr kam es jetzt darauf an, zu Hause beim Turnier der Sieger durch zwei gute Vorstellungen im Grand Prix und Grand Prix Special den Ruf zu festigen. Das Turnier fand vom 7.–9. September 1979 statt. Das gab mir nach den Westfälischen Meisterschaften eine Vorbereitungszeit von gut drei Wochen.

In diesen drei Wochen absolvierte ich in etwa das gleiche Trainingsprogramm, welches ich ein Jahr zuvor bei der Vorbereitung auf die Deutsche Meisterschaft in München erfolgreich erprobt hatte. Es waren Sommerferien, so daß ich selbst etwas mehr Zeit zum Reiten hatte. Auf großen Linien arbeitete ich an dem Ausdruck der Bewegungen im Trab und Galopp auf der Galoppierbahn. Dort kann man auf einer Strecke von über 100 m geradeaus reiten, eine ideale Länge, um die Zick-Zack-Traversalen im Galopp in der von mir bereits früher beschriebenen Art zu reiten. Nach jeder Traversale konnte man ohne Platzmangel einige Sprünge geradeaus galoppieren, dann wechseln und in die neue Richtung traversieren. Die Umstellungsschwierigkeiten verschwanden dadurch vollständig. Bei den Galoppwechseln bewegte Ahlerich zeitweilig zuviel den Schweif. Ich versuchte daher, mit noch weniger Hilfen auszukommen. An den Pirouetten arbeitete ich kaum. Ich wollte keine alten Erinnerungen wecken.

Abb. 25. Beim Turnier der Sieger in Münster im Herbst 1979 war die Welt wieder in Ordnung. Der Glanz von 1978 kehrte in den starken Trab zurück.

Um ganz sicherzugehen, übte ich im Training mehrfach einzelne Abschnitte aus dem Grand Prix und aus dem Grand Prix Special. Dabei probierte ich aus, mit wie wenig Hilfen ich die Galoppwechsel reiten konnte, und prägte mir das Maß der Hilfen genau ein. Umgekehrt ging ich bei den Piaffe- und Passage-Reprisen vor. Hier mußte ich als Reiter herausfinden, mit wieviel Schwung ich die Passage zeigen konnte, ohne befürchten zu müssen, daß Ahlerich bei der Rückführung zur Piaffe explodierte oder ins Schwanken geriet. Das Gefühl im Training war hervorragend. Wenn Ahlerich im Wettkampf nur annähernd so gehen würde, dürfte er kaum zu schlagen sein.

Im Grand Prix am Samstag vor dem Schloß gelang ein solcher Ritt. Es war die beste Leistung, die Ahlerich bis dahin in einem Grand Prix gezeigt hatte. Mit den Ergebnissen von 360, 373, 360, insgesamt also 1093 Punkten erreichte Ahlerich seinen bisherigen Notenrekord. Der Bewertungsbogen des Chefrichters General a. D. Wilhelm Viebig wies nur in einer einzigen Lektion eine 6 aus, und zwar für die halbe Schritt-Pirouette links, bei der der innere Hinterfuß einmal kurz kleben blieb. Alle anderen Lektionen wurden mit 7, 8 und 9 bewertet. Ein solches Ergebnis erreicht man nicht oft. Mit einem Vorsprung von 54 Punkten gewann Ahlerich diese Prüfung überlegen.

Im Grand Prix Special gelang ein ähnlich hoher Sieg. Mit 1474 Punkten bei 5 Richtern (283, 297, 293, 307, 294) erzielte Ahlerich ein Ergebnis, welches national wie international kein deutscher Reiter 1979 erreicht hatte. Es war klar, daß dieser Sieg nicht nur Freude brachte, sondern auch Neider auf den Plan rief. Ausgerechnet Ahlerich, den man Anfang 1979 bereits abgeschrieben hatte, konnte am Ende der grünen Saison mit einem solchen Erfolg auf sich aufmerksam machen.

Waren die Punktzahlen von 1093 im Grand Prix und 1474 im Grand Prix Special geschmeichelt, oder war dies eine echte Leistung? Diese Frage stellte ich mir natürlich auch selbst. Wenn man so lange wie ich an Turnieren teilgenommen hat, ist man selbstkritisch genug, um sich nichts in die Tasche zu lügen. Ich ging zu Hause mehrmals die Notenbögen der Richter durch und verglich die Bemerkungen mit dem, was ich aus den Prüfungen im Gedächtnis behalten hatte. Das Ergebnis blieb. Es gab für mich jetzt nur ein Ziel: dies vor einem internationalen Richtergremium zu wiederholen. Dann mußte der Durchbruch endgültig geschafft sein.

In stillen Stunden beschlich mich häufig das Gefühl: Hoffentlich wird Ahlerich nicht noch einmal krank. Das Frühjahr 1979 hatte tiefe Spuren hinterlassen. Ich mußte versuchen, ein zweites Pferd zur Verfügung zu bekommen, um Ahlerichs Turnierstarts entlasten zu können. Die Pferde, die dazu aus dem eigenen Stall vorgesehen waren, wie Fabian und Feuerdorn, hatten gesundheitliche Probleme und schieden für diese Aufgabe aus. Durch Zufall erfuhr ich davon, daß die kanadische Stute Amantiado, die von George Theodorescu ausgebildet worden war, zum Verkauf stand. Ich setzte alle meine Beziehungen ein und erreichte dank der großzügigen Mithilfe einer Mäzenin, die namentlich nicht genannt werden wollte, daß Amantiado durch das DOKR angekauft und mir zum Reiten anvertraut wurde. Für mich war dies eine innere Erleichterung, die mit Worten kaum zu beschreiben ist. Amantiado kam unmittelbar vor dem Turnier der Sieger zu uns in den Stall. Sie beruhigte die ganze Atmosphäre und verlieh meinen Auftritten größere Sicherheit, obwohl in Münster nur Ahlerich an den Start ging.

Nach dem Turnier der Sieger bekam Ahlerich Ruhe. Ich konzentrierte mich unter der Anleitung von George Theodorescu darauf, Amantiado kennen- und reiten zu lernen. Das war nicht so einfach, weil diese hochelegante Stute sich ganz auf ihren Ausbilder eingestellt hatte. Trotz dieser neuen, reizvollen Aufgabe verlor ich die Strategie für das bevorstehende Olympiajahr 1980 in bezug auf meinen Ahlerich als Pferd Nr. 1 nicht aus den Augen. Ich erhielt eine Einladung für das CDI im Dezember 1979 in Zuidlaren/Holland und sagte zu. Ein internationaler Erfolg noch im alten Jahr würde uns gewiß einen wichtigen Schritt in Richtung auf Moskau 1980 weiter bringen. Der Reiz war groß. Um das Risiko eines Mißerfolges zu verringern, nahm ich die Einladung an, Ende November 1979, also gut eine Woche vor Zuidlaren, Ahlerich in Warendorf auf dem Grand Prix-Richter-Seminar vorzureiten. Darauf bereitete ich mich ab Anfang November sorgfältig vor. Ahlerich war innerlich ausgeglichen und durch die beiden erfolgreichen Starts auf dem Turnier der Sieger in Münster sowohl im Grand Prix als auch im Grand Prix Special weiter gefestigt.

Am Wochenende vor der Richtertagung gewann Harry Boldt auf der Neuentdeckung »Sando Khan« beim Hallenturnier in der Berliner Deutschlandhalle sensationell den Grand Prix vor Uwe Schulten-Baumer auf Slibovitz. Ein neuer Star war geboren, der bis in die Warendorfer Richtertagung nachwirkte. Ich spürte dies und gab mir mit Ahlerich beim Vorreiten der Grand Prix-Lektionen die größte Mühe, dem gedanklichen Vergleich der Richter von Berlin standzuhalten. Ahlerich präsentierte sich ohne Zucken mit hervorragenden Piaffen und Passagen. Gleichwohl verspürte ich eine gewisse Skepsis, ob er diese Leistungen auch im Wettkampf bringen würde. Ich sperrte meine Ohren auf und registrierte alle Bemerkungen: Die Passage mußte ich etwas freier anlegen. Bei den Verstärkungen sollte ich nicht so plötzlich zulegen. Die Pirouetten konnten ruhig mit der für mein Gefühl wenigen Versammlung geritten werden. Das war eine wertvolle Generalprobe für Zuidlaren.

Ein Triumph in Zuidlaren beschließt das Turnierjahr 1979

Dort kam es zu einem Zusammentreffen zwischen dem Sieger von Berlin Harry Boldt auf Sando Khan und Ahlerich. In Berlin hatte ich nicht genannt, weil ich beruflich nicht abkömmlich war. Zuidlaren war ohnehin wichtiger, zumal ich dringend ein internationales Urteil brauchte, um zu wissen, wo ich mit Ahlerich stand. Bei idealen Wettkampfbedingungen gelang uns ein Triumph, der in Deutschland zunächst nur mit Erstaunen zur Kenntnis genommen wurde. Ahlerich (1780) gewann den Grand Prix mit fast 100 Punkten Vorsprung vor Harry Boldt auf Sando Khan (1685). Im Grand Prix Special siegte Ahlerich (1442) mit einem ähnlichen Vorsprung vor Sando Khan (1365). Der Triumph für mich bestand darin, daß das Ergebnis von Münster international bestätigt wurde. Das mußten Ahlerichs Kritiker in Deutschland zur Kenntnis nehmen, ob sie es wollten oder nicht. Die humoristische Bemerkung in einer Reiterzeitschrift, man müsse erst einmal abwarten, wie diese Ergebnisse unter Wettkampfbedingungen in Deutschland im Hinblick auf Moskau 1980 einzuordnen seien, konnte mich kaltlassen. Ich wußte jetzt genau, was erreichbar war, und hatte keine Eile mehr. Das Turnierjahr 1979 endete für Ahlerich mit einem Traumergebnis. Der Blick war fest auf die Olympischen Spiele in Moskau 1980 gerichtet.

CDI Zuidlaren
Dressurprüfung »Grand Prix de Dressage« 8. 12. 1979
Richter bei E: Pot   H: Sommer   C: Frachon   M: Moritz   B: Sarasin

			E	H	C	M	B	Total
1.	8	Ahlerich/Dr. Reiner Klimke Dld	344 (1)	357 (1)	352 (1)	352 (1)	375 (1)	1780
2.	17	Sando Khan/Harry Boldt Dld	333 (3)	330 (3)	332 (2)	331 (3)	359 (2)	1685
3.	36	Rabauke/Klaus Balkenhol Dld	334 (2)	331 (2)	323 (3)	332 (2)	328 (5)	1648
4.	27	Dutch Courage/J. Loriston Clarke GB	327 (4)	327 (4)	315 (5)	318 (4)	346 (3)	1633
5.	30	Amon/Annemarie Keyzer Ned	313 (6)	314 (6)	301 (8)	304 (5)	340 (4)	1572
6.	32	Lazuly/Tove Jorch-Jorckston Den	320 (5)	317 (5)	305 (6)	303 (7)	325 (7)	1570
7.	33	Duca die Maero/Regina Moldan Aut	308 (8)	296 (8)	318 (4)	304 (5)	321 (8)	1547
8.	13	Special Edition/Diana Mason GB	311 (7)	291 (9)	298 (11)	287 (10)	327 (6)	1514
9.	18	Equus/Cynthia Neal Can	301 (10)	289 (11)	304 (7)	298 (9)	308 (11)	1500
10.	14	Coq d'Or/Finn Sakso Larsen Den	308 (8)	287 (12)	288 (14)	300 (8)	315 (10)	1498
11.	22	Beau Geste/Claire Koch Sui	297 (11)	290 (10)	299 (10)	281 (12)	318 (9)	1485
12.	7	River King/Doris Ramseier Sui	276 (19)	300 (7)	289 (13)	285 (11)	290 (12)	1440
13.	35	Sinew/Silvia Iklé Sui	291 (12)	271 (14)	301 (8)	272 (13)	287 (13)	1422
14.	24	Salbian/Sachiko Naito Jap	279 (13)	287 (12)	296 (12)	272 (13)	277 (14)	1411
15.	34	Juno III/Kikuho Inoue Jap	230 (15)	210 (15)	216 (15)	201 (15)	233 (15)	1090

CDI Zuidlaren
Dressurprüfung »Grand Prix Special« 9. 12. 1979
Richter bei E: Nijland   H: Frachon   C: Sommer   M: Pot   B: Moritz

			E	H	C	M	B	Total
1.	8	Ahlerich/Dr. Reiner Klimke Dld	290 (1)	292 (1)	289 (1)	289 (1)	283 (1)	1 442
2.	17	Sando Khan/Harry Boldt Dld	272 (3)	273 (2)	274 (2)	274 (2)	272 (2)	1 365
3.	27	Dutch Courage/J. Loriston Clarke GB	274 (2)	258 (3)	261 (4)	268 (3)	264 (3)	1 325
4.	36	Rabauke/Klaus Balkenhol Dld	270 (4)	257 (4)	267 (3)	267 (4)	262 (4)	1 323
5.	30	Amon/Annemarie Keyzer Ned	263 (5)	250 (5)	254 (5)	254 (5)	254 (5)	1 275
6.	33	Duca die Maero/Regina Moldan Aut	251 (7)	250 (5)	232 (9)	248 (7)	249 (6)	1 230
7.	14	Coq d'Or/Finn Sakso Larsen Den	255 (6)	246 (8)	240 (6)	242 (10)	235 (9)	1 218
8.	22	Beau Geste/Claire Koch Sui	238 (10)	249 (7)	239 (7)	249 (6)	237 (7)	1 212
9.	32	Lazuly/Tove Jorch-Jorckston Den	249 (8)	243 (9)	233 (8)	245 (8)	233 (10)	1 203
10.	13	Special Edition/Diana Mason GB	244 (9)	240 (10)	232 (9)	243 (9)	236 (8)	1 195
11.	18	Equus/Cynthia Neal Can	226 (11)	232 (11)	225 (11)	230 (11)	226 (11)	1 139
12.	7	River King/Doris Ramseier Sui	216 (12)	221 (12)	217 (12)	222 (12)	221 (12)	1 097

Ahlerichs Erfolge 1979

Münster 11.–14. 1.	1. S-Dressur
	1. S-Dressur Siegerpreis
Bremen 7.–11. 2.	6. S-Dressur
	1. Grand Prix
Dortmund 14.–18. 3.	7. Grand Prix
	6. Grand Prix Special
Berlin 29. 6.–1. 7.	3. Intermédiaire II
	4. Intermédiaire II
	4. Grand Prix
	2. Grand Prix Special
Siegen 10.–12. 8.	2. S-Dressur
	1. S-Dressur
	1. S-Dressur
Münster 7.–9.9.	1. Grand Prix
	1. Grand Prix Special
Zuidlaren 6.–9. 12.	1. Grand Prix
	1. Grand Prix Special

Westfälischer Meister
Bronzemedaille Deutsche Meisterschaft

Das Olympiajahr 1980

Viel Zeit für eine Winterarbeit blieb nicht; denn vom 17.–20. 1. 1980 begann in der Halle Münsterland traditionsgemäß die neue Turniersaison. Eine systematische Winterausbildung wie in den Jahren zuvor hatte Ahlerich nicht mehr nötig. Er war inzwischen zu einem sicheren Grand Prix-Pferd herangereift und hatte durch 14 Grand Prix-Siege seine Klasse bewiesen. Jetzt kam es darauf an, die Leistung zu halten und Ahlerich ganz gezielt auf einige Großereignisse im Jahr vorzubereiten.

Wie hält man ein Spitzenpferd in Form?

Es ist schwer, ein veranlagtes Dressurpferd bis zur Grand Prix-Reife auszubilden. Die Beschreibung des bisherigen Lebensweges von Ahlerich verdeutlicht dies. Es ist aber fast genauso schwierig, über einen längeren Zeitraum eine einmal erreichte Spitzenposition zu festigen. Hier kann man mindestens ebensoviele Fehler machen wie während der Ausbildung bis zum Grand Prix.

Ein Grand Prix-Pferd ist ein Hochleistungssportler. Wenn man dies erkannt hat, fällt es leichter, zu verstehen, daß ein solches Pferd seine Leistungsstärke nicht das ganze Jahr hindurch voll entfalten kann. Geist und Körper würden überbeansprucht. Wir wollen keine Maschine reiten, sondern ein Pferd mit Ausstrahlung, dem die Arbeit Freude macht. Der Körper des Pferdes soll gymnastiziert, aber nicht strapaziert werden. Übersetzt auf den Einsatz eines Grand Prix-Pferdes im Turniersport bedeutet dies, daß man zwar über das ganze Jahr verteilt an Dressurprüfungen teilnehmen kann, es aber nahezu unmöglich ist, hierbei jeweils eine absolute Spitzenleistung zu erbringen. Es mag jeder Reiter für sich selbst entscheiden, wie er den Einsatz seines Pferdes unter diesen Gesichtspunkten einteilt.

Mein Turnierfahrplan im Winter sieht in der Regel je einen Turnierstart pro Monat im Januar, Februar und März vor. Die Pferde, die im März in Dortmund nicht startberechtigt sind, starten nach Möglichkeit einmal im April. Von Mai bis September wird der Plan durch die Termine der nationalen und internationalen Meisterschaften vorgegeben. Im November und Dezember gehe ich nur ungern zum Turnier. Mitunter wird man jedoch veranlaßt, Kompromisse zu machen, um die Hallenveranstalter nicht vor den Kopf zu stoßen. Freilich kommt dann die Winterausbildung der jungen Pferde meistens zu kurz.

Wir können bei uns in Deutschland von Januar bis Dezember fast Sonntag für Sonntag auf Turnieren starten. Darin lauert für jeden Spitzenreiter die große Gefahr, der Versuchung zu erliegen und den Einsatz seines Spitzenpferdes falsch zu managen.

Mit Rücksicht auf die bevorstehenden Olympischen Spiele in Moskau 1980 hätte ich Ahlerich in der Hallensaison von Januar bis März 1980 am liebsten nicht herausgebracht. Aber das war nicht in die Tat umzusetzen. In der Halle Münsterland konnte ich als Münsteraner nicht absagen. In Bremen, unserem Glücksturnier, hätte ich viele Freunde verärgert. Das Dortmunder März-Turnier wurde vom Dressurausschuß des DOKR zur ersten Vorsichtung für Moskau erklärt. Also mußte ich den Turnierplan auch im Olympiajahr in dem alten Rhythmus beibehalten. Die Turniervorbereitung änderte ich trotzdem. In meiner

Heimatstadt Münster brauchte ich nicht mit der vollen Konkurrenz aus dem Kreis der Anwärter für die Olympiamannschaft zu rechnen. Ich verzichtete deshalb auf spezielle Konditionsarbeit und begnügte mich mit den kräftesparenden Übungen zur Erhaltung der Sicherheit in den wichtigsten Lektionen.

Auftakt in der Halle Münsterland mit halber Kraft

Mehr Zeit und Konzentration widmete ich der im September 1979 hinzugekommenen kanadischen Stute Amantiado. Mit ihr hatte ich in Zuidlaren beim ersten Start den 2. Platz in der Intermédiaire II erringen können. In der Halle Münsterland sollten Ahlerich und Amantiado erstmals zusammen in einer Prüfung, der Aufgabe S 10 mit Anforderungen aus dem Grand Prix, starten. Ahlerich gewann den Vergleich erwartungsgemäß. Er siegte mit 38 Punkten Vorsprung. Amantiado wurde Vierte. Genaue Beobachter hatten erkannt, daß Ahlerich nicht auf Volldampf vorbereitet war. Man konnte aus einzelnen Kommentaren herauslesen: »Ahlerich siegte, ohne sich voll auszugeben«, oder »Ahlerich ging sicher, er kann aber mehr«. Das traf den Nagel auf den Kopf. Ich selbst gab keine Stellungnahme ab, weil dies möglicherweise falsch verstanden worden wäre.

Abb. 26. Ein rundlicher Ahlerich zeigte zum Auftakt des Olympiajahres in der Halle Münsterland nicht mehr, als er brauchte.

In der Kür am Nachmittag, die Ahlerich im Vorjahr gewonnen hatte, schonte ich ihn zugunsten von Amantiado, mit der ich viel nötiger Prüfungserfahrungen sammeln mußte. Damit war Münster für Ahlerich abgehakt.

Bevor die eigentliche Olympiavorbereitung begonnen hatte, beunruhigte ein anderes Ereignis die Gemüter der Sportwelt. Nach dem Einmarsch der Sowjets in Afghanistan erklärte Präsident Carter für die USA eine Nichtteilnahme an den Olympischen Spielen von Moskau für möglich. In einer Blitzumfrage wurden Ende Januar 1980, noch vor der Eröffnung der Olympischen Winterspiele in Lake Placid (USA), auch bundesdeutsche Spitzensportler um ihre Stellungnahme gebeten. Als Dokument aus dem Zeitgeschehen seien hier neben meiner eigenen Aussage die Äußerungen meiner Springreiterfreunde Paul Schockemöhle und Hans Günter Winkler gegenüber dem Sport-Informations-Dienst (SID) wiedergeben:

Paul Schockemöhle, Vize-Europameister der Springreiter: »Als politisch sehr interessierter Bürger muß ich sagen, der Westen darf den Einmarsch der Sowjets in Afghanistan nicht ohne weiteres hinnehmen. Doch den Sport als Gegenmittel einzusetzen, halte ich nicht für die geeignete Gegenmaßnahme. Ein Boykott der Spiele muß schon deshalb verhindert werden, weil sonst das Ende der Olympischen Spiele nahe ist.«

Dr. Reiner Klimke, Dressur-Olympiasieger und Ex-Weltmeister aus Münster: »Ich reite gerne bei Olympischen Spielen und bereite mich auch immer gezielt auf dieses große Ziel vor. Doch wenn ein Boykott beschlossen werden sollte, dann bleibe ich ohne Murren zu Hause. Bei einem Boykott gehe ich nämlich davon aus, daß die Verantwortlichen einen solchen Beschluß sehr ernsthaft überlegt haben.«

Hans-Günter Winkler, erfolgreichster deutscher Olympionike aller Zeiten, als Springreiter fünfmal Goldmedaillengewinner: »Ein Boykott krempelt die politische Landschaft nicht um. Der Sport muß selbstbewußt und stark genug sein, um sich nicht als politisches Druckmittel benutzen zu lassen. Ich war 1972 in München, nach dem schrecklichen Attentat, einer von denen, die sich gegen einen Abbruch der Spiele aussprachen. Geschrien haben zum damaligen Zeitpunkt alle jene, die bereits in den Vorkämpfen ausgeschieden waren oder keine Chance auf eine vordere Plazierung besaßen.«

Auf die weitere Vorbereitung für einen möglichen Start von Ahlerich in Moskau hatten die Boykott-Gerüchte natürlich keinen Einfluß. Jeder hoffte, daß die Weltpolitik sich beruhigen und die Olympischen Spiele 1980 nicht beeinträchtigen würde.

Bremen – ein Sieg geglückter Strategie

Viel Zeit bis zum nächsten Turnierstart gab es nicht. Vom 6.–10. Februar schrieb Bremen den ersten Grand Prix des Jahres 1980 aus. Ich wußte, daß mein Freund Harry Boldt hier auf Sando Khan Revanche für die in Zuidlaren im Dezember erlittene Niederlage nehmen wollte. In mein Trainingskonzept paßte dies nicht, weil ich viel Arbeit auf Amantiado verwenden mußte, um sie besser kennenzulernen. Kneifen wollte ich aber ebenfalls nicht. Das entspricht nicht meiner Art, und darum wurden auf Kosten des Schlafes beruflich und reiterlich einige Zusatzschichten eingelegt.

Erfolg ist – wie oben beschrieben – auch das Ergebnis eines geschickten Einsatzes des Pferdes. Ich glaube, daß ich in dieser Beziehung das Turnier in Bremen 1980 anführen darf, ohne im nachhinein Gemüter zu verletzen. Es gab in Bremen als Einlaufprüfung vor dem

Grand Prix eine S-Dressur ohne Piaffe und Passage. Aufgrund ihrer Routine und Präzision waren Harry Boldt auf Sando Khan und Josef Neckermann auf Duero hier kaum zu schlagen. Ich beschloß deshalb, in dieser Prüfung nur Amantiado zu satteln und mit Ahlerich der Entscheidung aus dem Weg zu gehen. Das Ergebnis bestätigte meine Strategie. Harry Boldt siegte ganz klar vor Josef Neckermann auf Duero und – was für mich ein Erfolg war – Amantiado als Drittplazierte bei 26 Startern. So konnte ich am nächsten Tag mit Ahlerich unvorbelastet in den Grand Prix gehen in dem Bewußtsein, daß mein Pferd durch die bessere Piaffe-Passage-Tour die größeren Siegchancen haben würde. – Der Plan ging in Erfüllung, wenn auch knapp. Mit lediglich 2 Punkten Vorsprung konnte ich auf Ahlerich den Grand Prix von Bremen zum dritten Male in ununterbrochener Folge vor Harry Boldt auf Sando Khan für mich entscheiden. Das war zugleich der 15. Grand Prix-Sieg von Ahlerich, der im Kreise unserer Bremer Freunde mit der entsprechenden Herzlichkeit gefeiert wurde.

Jetzt blieben nur knapp drei Wochen Zeit bis Dortmund, das in diesem Jahre vom 27. 2. bis 2. 3. 80 etwas vorverlegt werden mußte. Ich nahm mir vor, in der Vorbereitung auf dieses wichtige Turnier die Fehler des Vorjahres nicht zu wiederholen. Auf keinen Fall wollte ich mit Ahlerich erneut in Streit geraten. Die Ausgangsbasis war besser. Im Gegensatz zum Vorjahr hatte Ahlerich, was seine Kondition anbelangte, Rückstände. Deshalb zeigte er keine Neigung, beim ersten Mittelgalopp oder bei der Rückführung aus der Passage in die Piaffe zu explodieren. Andererseits fehlte ein bißchen die ganz große Ausstrahlung. Daran konnte und wollte ich jedoch in der kurzen Zeit nicht mehr viel ändern, zumal ich nach wie vor erheblich mit Amantiado beschäftigt war. Ich mußte einfach versuchen, in Dortmund mit Reiten auf Sicherheit über die Runden zu kommen und dann meine ganze Konzentration nach dem Haarwechsel im Frühjahr auf die Arbeit im Freien zu verlegen.

Großer Dressursport im März in Dortmund

Dortmund rief, und alle, alle kamen. Die in der Zwischenzeit vermehrt aufgekommene Frage einer Teilnahme oder Nichtteilnahme in Moskau wurde mit Leidenschaft weiter diskutiert. Man hatte sich aber wohl damit abgefunden, daß tatsächlich die Politiker das letzte Wort haben würden. Politik hin, Politik her: Dortmund stand in Blickrichtung auf Moskau. So war man im Dressur-Lager gespannt auf das Zusammentreffen der deutschen Spitzenpferde wie Slibovitz, Woyceck, Sando Khan, Ultimo, Hirtentraum, Duero, Madras, Amantiado, Ahlerich. Schon die Aufzählung dieser Namen versprach großartige Wettbewerbe. Wer würde sich für die bundesdeutsche Dressurmannschaft in Moskau empfehlen?

35 Starter bewarben sich im Grand Prix – fast ein nationales Rekordergebnis. Es knisterte vor Spannung. Uwe Schulten-Baumer gelang auf Slibovitz und Madras gegen die gesamte deutsche Elite ein Doppelsieg. Ahlerich erreichte mit 4 Punkten hinter Madras den 3. Platz, vor Uwe Sauer auf Hirtentraum, Harry Boldt auf Sando Khan und meinem zweiten Pferd Amantiado, die bereits im Grand Prix in Bremen Fünfte geworden war. Mit diesem Erfolg hielt Ahlerich seine Stellung im engsten Kreis der Bewerber für die Mannschaft in Moskau. Meine Zuversicht wuchs; denn ich hatte ausgerechnet bei den fliegenden Galoppwechseln von Sprung zu Sprung einen groben Fehler gemacht, der die Wertung drückte und der normalerweise nicht vorzukommen brauchte.

Im Grand Prix Special am Sonntag morgen konnten wir uns dann noch auf Platz 2 hinter Slibovitz verbessern. Wiederum war bei den Einer-Wechseln ein Fehler unterlaufen. Es war die alte Erfahrung, daß Ahlerich einen Fehler vom Vortage leicht wiederholte, obwohl ich alles versuchte, die Einer-Wechsel diesmal fehlerlos durchzubringen. In der Berichterstattung über den Grand Prix Special von Dortmund lautete die Einzelkritik zu Ahlerich:

Platz 2 für Ahlerich – Dr. Reiner Klimke. Kaum ein Pferd ist mehr kritisiert oder mehr gelobt worden als dieser nun 9jährige westfälische Angelo xx-Sohn. Er präsentierte sich mit glänzendem Fell sehr gut und strafte seine Kritiker Lügen. Absolut ruhiges Stehen beim Gruß; die gesamte Trabarbeit einschließlich der Traversalen und Tempounterschiede vorbildlich; starker und versammelter Schritt gut; erste Piaffe gut, zweite Piaffe sehr gut. Übergänge Piaffe-Passage und umgekehrt wie aus dem Lehrbuch; dann etwas hohe und unruhige Reiterhand; etwas überfallartige Reiterhilfe zu Beginn der Einer-Galoppwechsel und dadurch ein Fehler; beide Galopp-Pirouetten befriedigend; die Schlußpiaffe sehr gut.

Ahlerich erhält bis Ostern Trainingspause

Mit den Erfolgen von Dortmund im Rücken konnte ich Ahlerich beruhigt bis Ostern eine Trainingspause gönnen, um danach seine Kondition für die Olympischen Spiele in Moskau systematisch aufzubauen. Ein Frühjahr wie 1979 sollte sich nicht wiederholen. Allein der Gedanke daran machte mich unruhig. Deshalb bauten wir alle uns möglichen Vorsichtsmaßnahmen ein, um vermeidbare Risiken auszuschließen. Dazu gehörte eine strenge Abschirmung unseres Turnierstalles von den übrigen Pferden, die in der Reitanlage untergebracht waren. Die Fütterung von Kraftfutter wurde der geringeren Arbeitsleistung angepaßt, um keinen Eiweißüberschuß zu erzeugen. Meine Frau und ich wechselten uns ab, Ahlerich durch kraftsparendes Reiten in Bewegung zu halten. Dies geschah vornehmlich durch lösende Übungen und Reiten von Lektionen aus der Grundausbildung. Ahlerich sollte ganz abschalten. Er sollte wie ein gewöhnliches Reitpferd gehen und für eine Zeitlang die Versammlung vergessen dürfen. Das wichtigste Ziel bestand darin, ihn lange und ruhig zu bewegen, damit er innerlich ausgeglichen blieb.

Wir wußten aus den Erfahrungen früherer Jahre, wie gut Ahlerich diese Therapie bekam, wenn er nur täglich lange genug bewegt wurde. Um dies sicherzustellen, bezog ich eine Reiterin unseres Stalles mit ein, die ruhig saß und auf die ich mich verlassen konnte. So wurde die Zeit bis Ostern überbrückt. Ich konnte mich zwischenzeitlich etwas gründlicher mit Amantiado befassen und unsere Neuerwerbung Feuerball auf dem Osterturnier in Neuwied erstmals im Grand Prix herausbringen, wo wir hinter Josef Neckermann auf Marius und vor Gabriela Grillo auf Galapagos den zweiten Platz erringen konnten.

Nach Ostern wurde umgeschaltet auf Olympia. Einerlei, ob Moskau nun für die Sportler aus der Bundesrepublik freigegeben werden würde oder nicht: Balve stand vom 9.–11. Mai 1980 als offizielles Olympia-Vorbereitungsturnier fest. Gut vier Wochen Zeit blieb bis dahin, um Ahlerich in Turnierform zu bringen. Diesmal hinderte keine Erkältung. Den Haarwechsel überstand Ahlerich problemlos. Von Frühjahrsmüdigkeit war nichts zu erkennen. Ich bin fest davon überzeugt, daß dies mit auf die übergroße Vorsicht nach Dortmund zurückzuführen war.

Olympia-Vorbereitungsturnier in Balve

Ich nahm mir für Balve besonders den Grand Prix Special vor. Diese Aufgabe lag Ahlerich. Ihm bereitete der häufige Wechsel von der Schwungentfaltung in die höchste Versammlung – dem Kernstück dieser Aufgabe – kaum Schwierigkeiten. Hier konnte er seine Veranlagung voll ausspielen und strahlen, ohne die zahlreichen Schnörkel des Grand Prix de Dressage mit Schaukel, Zick-Zack-Traversalen und dem Mittelgalopp am Anfang mit fliegendem Galoppwechsel bei X. Im Grand Prix Special konnte man Ahlerich voll aufdrehen und glänzen lassen; denn die hohen Anforderungen in Piaffe-Passage und den Übergängen meisterte er spielend. Im Grand Prix de Dressage hingegen behagten ihm einfach einige Lektionenfolgen nicht. Und ich konnte dies auch durch häufiges Üben in der Arbeit nur bedingt verbessern. Der Mittelgalopp am Anfang mit fliegendem Wechsel bei X aus voller Fahrt reizte Ahlerich dazu, sein Temperament zu zeigen und schon beim Signal der Galoppwechselhilfe davonzustürmen. Damit war die Harmonie meistens bereits am Anfang dahin, und ich brauchte viel Mühe, diese für die folgenden Abschnitte der Aufgabe wieder herzustellen. Die Schlußlektionen auf der Mittellinie, die durch Halten, Rückwärtsrichten und daraus Anpassagieren eingeleitet werden, kannte Ahlerich inzwischen so genau, daß er am liebsten gar nicht erst halten, sondern gleich anpiaffieren wollte. Ich muß zugeben, daß es mir aus den genannten Gründen widerstrebte, mich mit diesen Lektionen in der Arbeit ernsthaft zu befassen. Ich hätte darüber mit Ahlerich bestimmt des öfteren Streit bekommen. Deshalb wich ich der Sache aus und konzentrierte mich für Balve auf den Grand Prix Special. Dabei hatte ich natürlich die Hoffnung, Ahlerich im Grand Prix sozusagen als Überraschungsmoment überlisten zu können, wenn die bekannten Klippen auf uns zukamen.

Diese Theorie ging zumindest in Balve 1980 voll auf. Ahlerich wurde im Grand Prix de Dressage hinter Madras unter Uwe Schulten-Baumer Zweiter und wurde dabei von dem einzigen ausländischen Richter, Herrn Pot aus Holland, sogar auf Platz 1 gesetzt. Im Grand Prix Special gelang mit 22 Punkten Vorsprung ein unangefochtener Sieg, der die Tagespresse am Montag zu der Überschrift veranlaßte: »Dr. Klimke präsentiert Ahlerich in Olympiaform«. Nur nützte dies wenig; denn es sickerte bereits durch, daß die Bundesregierung dem Nationalen Olympischen Komitee (NOK) eine Nichtteilnahme unserer Sportler an den Olympischen Spielen von Moskau empfehlen würde.

Aachen – das Schaufenster internationaler Reiterei

So geschah es dann auch, und im Juni in Aachen trafen sich zum letzten Mal vor Moskau diejenigen Reiter, die dort starten wollten und diejenigen, die zu Hause bleiben würden. Aachen wurde zu einem Weltfest der Pferde mit Licht und Schatten. In der Dressur blieb Christine Stückelberger auf Granat nach ihrer Niederlage bei der Europameisterschaft der Dressurreiter in Aarhus 1979 dem Start fern. Dafür stellte sich die Europameisterin Sissi Theurer auf Mon Chérie, von der bekannt wurde, daß sie als einzige aus dem westlichen Lager in Moskau an den Start gehen wollte. Was lag näher, als mit ihr den direkten Vergleich zu suchen, zumal Ahlerich zum ersten Mal in gleicher Konkurrenz gegen das Europameisterschaftspaar des Jahres 1979 antrat?

Ich fuhr schon frühzeitig nach Aachen, um Ahlerich einige Tage an die dortige Turnieratmosphäre gewöhnen zu können. In Hamburg anläßlich des Derby-Turniers, wohin ich Ahlerich für einen Grand Prix-Start mitgenommen hatte, waren Probleme im Anfangsmittelgalopp und auch danach aufgetaucht. Das ärgerte mich. Ich wollte diese Schwierigkeiten in Aachen während der Tage von Beginn des Turniers bis zum Start am Samstag abstellen. Ahlerich war körperlich in hervorragender Verfassung. Er strotzte vor Kraft. In dieser Kondition konnte und wollte ich nicht darauf vertrauen, mich im Grand Prix durchlavieren zu können. Das war mir zu unsicher. Ich nahm – wenn man so will – die Herausforderung an, ihm genau vorzuschreiben, wo er am Anfang im Mittelgalopp den fliegenden Galoppwechsel auf mein Kommando auszuführen hatte. Auf Glück zu vertrauen war mir zu riskant.

Am Dienstag nach der Ankunft begann ich noch sanft. Mit wenig Hilfen und beruhigender Stimme gelang es mir, einen Eklat zu vermeiden. Ich konnte darüber nicht ruhig schlafen, da ich für die Mannschaft nominiert war und ich unsere Equipe-Chefin, Frau Liselott Schindling-Rheinberger, auf keinen Fall am Samstag im Grand Prix enttäuschen wollte. Deshalb änderte ich am Mittwoch mein Konzept. Ich forderte Ahlerich durch häufiges Reiten von Trabverstärkungen und Einfangen heraus mit dem Ziel, ihn zum Nachgeben zu bewegen. Ehrlich gesagt, gelang mir dies nicht. Es war mir ein Rätsel, woher er die Kondition nahm, die er an den Tag legte. Je länger ich ihn forderte und das Tempo im Trab und Galopp forcierte, um ihn faul zu machen, desto mehr spielte er sich auf und wurde erregt. Ich mußte nach gut einer Stunde abbrechen und einsehen, daß es sinnlos war, zu versuchen, Ahlerich halbwegs müde und damit ganz gehorsam auf den Schenkel zu machen.

In der nächsten Nacht schlief ich noch unruhiger. Jetzt hatte ich nur noch zwei Tage Zeit, um mich durchzusetzen. Welche Taktik sollte ich einschlagen: die des Kompromisses oder die Fortsetzung des aggressiven Reitens mit dem Ziel, durch Ermüdung zum Erfolg zu kommen? Die Entscheidung konnte nur noch am folgenden Tag fallen; denn am Freitag, dem Tag vor dem Grand Prix, mußten die Würfel gefallen sein, dann mußte ich spätestens zum Frieden zurückkehren, um am Samstag keinen müden, traurigen Ahlerich vorzuzeigen. Ich entschied mich am Donnerstag für die Fortsetzung der Strategie des Anfassens, um Ahlerich dadurch faul und gehorsam zu machen. Das Arbeitspensum zog sich mit Pausen fast über zwei Stunden hin. Es gab dabei keinen Sieger. Ahlerich kannte die Lektion – Mittelgalopp mit fliegendem Galoppwechsel bei X – inzwischen so genau, daß er sie gut ausführte, wenn ich schimpfend auf ihn einredete und ihm mit den Zügeln kaum Freiheit gab. Machte ich dann eine Pause, lobte ihn und versuchte die Übung erneut, nutzte er jede Schwäche des Reiters aus und rannte nach dem Galoppwechsel davon.

Ich mußte abbrechen, um mich nicht vollständig mit meinem Pferd zu verkrachen. Meine Laune war entsprechend. Mir wurde ein weiteres Mal klar, daß dieser Ahlerich nicht mit Gewalt zu reiten, sondern in schwierigen Situationen nur zu überlisten war. Am Abend ging ich mit meiner Frau allein zum Essen und mied die Gesellschaft mit anderen. Ahlerich hatte mich zu sehr geschafft. Ich wollte durch ein Gespräch mit meiner Frau mit mir selbst wieder ins reine kommen und am folgenden Tag, dem letzten vor dem Grand Prix, nicht noch mehr kaputtmachen. Meine Frau verstand mich sofort, zumal sie ja nicht nur mich, sondern auch Ahlerich genau kannte. Wir überlegten gemeinsam, was zu tun war, und entschieden uns, Ahlerich am nächsten Tag durch Bewegungsarbeit vom Grand Prix abzulenken und das Vertrauen zum Reiter wieder vollständig herzustellen.

Wie notwendig und richtig diese Entscheidung war, zeigte sich am anderen Morgen, als wir in den Stall kamen. Dort stand Ahlerich mit feurigem Blick und zwackte nach jedem, der an seiner Boxe vorbeikam. Das charakterisierte den Zustand seines Nervenkostüms.

Wir entschlossen uns, Ahlerich morgens nur spazierenzureiten und eventuell abends nach dem Auslosen noch einmal kurz herauszunehmen. Das Spazierenreiten wirkte wie eine beruhigende Medizin. Als ich zum Stall zurückkehrte, war Ahlerich ausgeglichen und zufrieden. Er ging sofort an die Futterkrippe und fraß. Claudia Rosner sorgte für Ruhe im Stall, und wir hielten uns fern bis zum Abend. Beim Auslosen zogen wir ein Los als letzter Starter in der Mannschaft gegen Mittag. Wir hatten deshalb am nächsten Morgen genügend Zeit zum Abreiten, so ließen wir Ahlerich jetzt in Ruhe.

Am nächsten Morgen ritt ich zunächst erneut spazieren und spürte, daß Ahlerich wieder zufriedener war. Damit wuchs meine Zuversicht. Nach knapp einer halben Stunde ritt ich in den Stall zurück.

Etwa eine Stunde vor dem Start begann das eigentliche Abreiten für die Prüfung. Den Ablauf kannte Ahlerich genau. Wir hatten ihn oft genug geübt und auf Turnieren erprobt. Nach kurzer Trabarbeit wurden einzelne Galopplektionen aus dem Grand Prix wiederholt. Dann wurde ein paarmal zugelegt, um festzustellen, wie übermütig Ahlerich war. Danach gab es eine kurze Schrittpause, der sich Piaffe- und Passage-Lektionen aus der Grand Prix-Aufgabe anschlossen. Jede gute Ausführung wurde mit der Stimme belohnt. Diesen Ansporn brauchte Ahlerich, um jene Ausstrahlung zu erlangen, die ihn dann in der Prüfung als Pferdepersönlichkeit besonders auszeichnete.

Etwa eine halbe Stunde vor dem Start ging es in den Stall zurück, um die Kandare aufzulegen, den Reitfrack anzuziehen und mit Lappen und Schwamm rasch den Putz noch einmal überzupolieren.

Gut 20 Minuten vor dem Start folgte die letzte Station der Vorbereitung auf die Prüfung. Im Trab wurde die Anlehnung an die Kandare hergestellt. Einige Übergänge und halbe Paraden dienten zur Feinabstimmung der Hilfen. Als der Reiter vor mir an den Start gerufen wurde, wußte ich, daß ich noch etwa 10 Minuten Zeit haben würde. Von nun an hielt ich Ahlerich ununterbrochen beschäftigt. Ich ließ ihn aus dem Schritt ein paarmal zur Passage antreten. Dabei wurde er so munter, wie ich ihn brauchte, um ihn im Trabe mit großem Ausdruck zur Geltung bringen zu können. Mehrere Male legte ich zu bis zur höchsten Verstärkung. Dabei merkte ich mir das Maß, welches ich in der Prüfung glaubte, riskieren zu können. Sicherheit und Selbstvertrauen kehrten in mich zurück. Als ich zum Start aufgerufen wurde, fühlte ich mich optimal vorbereitet.

Beim Betreten des Dressurstadions spielte Ahlerich sich zu Beginn wie üblich etwas auf. Daran war ich gewöhnt. Ich ließ ihn eine lange Seite starken Trab gehen, parierte durch und ritt im vorgeschriebenen Galopp in das Viereck. Die ersten Übungen gelangen sicher. Den Mittelgalopp versuchte ich in Gedanken zu überspielen. Ahlerich wehrte sich nicht und rannte auch nicht davon. Nur spürte ich, daß ich in den ersten zwei, drei Minuten wohl ein bißchen zu vorsichtig geritten war. Der Notenbogen zeigte dies später deutlich. Je länger die Aufgabe dauerte, desto mutiger faßte ich Ahlerich an. Leider verlor ich ausgerechnet während der ersten Piaffe-Passage-Tour kurz die Konzentration, gab zu starke Hilfen, und schon explodierte Ahlerich beim Übergang aus der Piaffe zur Passage. Danach passierte kein Fehler mehr. Das Gesamtresultat blieb gleichwohl getrübt durch einen vorsichtigen Anfang

Abb. 27. Starker Galopp mit höchster Schwungentfaltung. Ahlerich siegt im Grand Prix Special in Aachen 1980.

und den Lektionenfehler beim Übergang von der Piaffe zur Passage. Mit 1 623 Punkten wurde Ahlerich Fünfter und blieb damit weit hinter seinen Möglichkeiten zurück. Wir gewannen zwar durch die guten Ritte meiner Mannschaftskameraden Uwe Schulten-Baumer auf Slibovitz (1 710 Punkte) und Uwe Sauer auf Hirtentraum (1 688 Punkte) mit großem Abstand die Mannschaftswertung. Aber ich selbst hatte mein Ziel nicht erreicht. Trotz sorgfältig geplanter Turniervorbereitung von dienstags bis samstags am Ort des Geschehens in Aachen war es mir nicht gelungen, Ahlerich in Bestform vorzustellen. Es zeigte sich einmal mehr, wie schwierig es ist und von wie vielen Zufälligkeiten es abhängen kann, ein Spitzenpferd genau auf die Sekunde fit zu haben und dann seine volle Leistungsstärke zur Geltung zu bringen. Ich schreibe dies ohne Vorbehalte und denke dabei gleichzeitig an die große Freude, die uns erfüllt, wenn ein glanzvoller Ritt gelingt.

Darauf war mein Augenmerk für den Grand Prix Special am nächsten Tag gerichtet. Ich wollte mir auf einem Turnier nicht zweimal nachsagen lassen, ich würde nicht genug riskieren. Schon auf dem Abreiteplatz probierte ich Verstärkungen aus bis an Ahlerichs Leistungsgrenze. Unglücklicherweise hatte ich außerdem die Startnummer 1 ausgelost. Deshalb gab es kein Zaudern. Ich war von dem Willen beseelt, Ahlerich in Bestform vorzustellen. Das Abreiten verlief in der gewohnten Reihenfolge, allerdings abgekürzt auf gut eine halbe Stunde.

Beim zweiten Start ist das Abreiten grundsätzlich kürzer; denn die Pferde sind im allgemeinen durch Einzelreiten und Siegerehrung vom Vortage nicht mehr so frisch. Ahlerich war an diesem Sonntag morgen willig und temperamentsmäßig vollkommen ausgeglichen. Ich hatte schon früher wiederholt die Erfahrung gemacht, daß er meistens am zweiten Tag besonders guter Laune ist und eine Klasse besser geht. So war es auch in Aachen 1980. Es unterlief kein Lektionenfehler. Zu einem besonderen Höhepunkt wurden die Piaffen und Passagen. Ein ausdrucksvoller, zufrieden dreinschauender Ahlerich überzeugte die Richter davon, daß er an diesem Tage der Sieger war, mit 1 392 Punkten vor Sissi Theurer, der späteren Olympiasiegerin von Moskau, auf Mon Chérie (1 373 Punkte) und Uwe Schulten-Baumer auf Slibovitz (1 356 Punkte). Nach Balve errang Ahlerich in Aachen damit zum zweiten Male im Olympiajahr 1980 den Sieg im Grand Prix Special.

Glücklich trat ich mit meiner Frau den Heimweg nach Münster an. Für die Mannschaft zum internationalen Dressurfestival in Goodwood/England, als Ersatz für die nicht in Moskau startenden Dressurreiter, hatte sich Ahlerich in Aachen qualifiziert. Nach dem Rücktritt von Mehmed in Aachen 1977 hatte ich drei Jahre später auf Ahlerich einen Platz in der bundesdeutschen Dressurmannschaft zurückerobert.

Über Kronberg nach Goodwood

Das internationale Dressurfestival in Goodwood/England sollte nach dem Willen unserer Funktionäre der Höhepunkt des Sportjahres 1980 für die Dressurreiterinnen und -reiter der westlichen Länder werden. Es sollte eine Entschädigung für die Nichtteilnahme an den Olympischen Spielen in Moskau sein. Dementsprechend gründlich wurde die Vorbereitung geplant.

Zwischen Aachen und Goodwood lagen fast zwei Monate. Deshalb wurde uns nach Aachen eine Trainings- und Wettkampfpause bis Ende Juni empfohlen. Mit einem Kurzlehrgang und anschließenden Prüfungen unter Turnierbedingungen auf dem Schafhof in Kronberg vom 2.–6. Juli 1980 begann danach die letzte Phase der Vorbereitungen für Goodwood. Bis dahin ritten meine Frau und ich Ahlerich nur draußen auf der Außenbahn unserer Reitanlage und auf den benachbarten Stoppelfeldern in Gesellschaft mit anderen Pferden. Dressurarbeit auf dem Viereck ließen wir bewußt aus. Ahlerich kannte die Aufgaben des Grand Prix und Grand Prix Special so genau, daß wir es für besser hielten, ihn davon durch Spazierenreiten abzulenken.

Wir brachten einen gut erholten Ahlerich nach Kronberg, der in seinem jugendlichen Übermut zunächst Umstellungsschwierigkeiten bei der Rückkehr zum Dressuralltag auf dem Viereck zeigte. Dafür zog er durch seine Ausstrahlung als Pferdepersönlichkeit die Augen der Zuschauer auf sich. Im Minenspiel von Ahlerich kann man viel ablesen. Sein Auge ist meistens lebhaft bis feurig. Solange er dabei die Ohren spitzt, folgt er willig den Hilfen seines Reiters. Gefahr droht, wenn entweder ein Ohr oder gar beide Ohren in rascher Folge vor und zurückgehen. Dann wird es höchste Zeit, durch eine energische halbe Parade die Aufmerksamkeit auf den Reiter zu lenken, sonst kann es zur Katastrophe kommen. Die Reaktionen von Ahlerich sind so schnell, daß dem Reiter nur Bruchteile von Sekunden zur Verfügung stehen, um durch Gegenmaßnahmen einen Lektionenfehler zu vermeiden. Gelingt dies nicht, und wendet man zur Bestrafung Gewalt an, so kann dies nachhaltige Folgen haben. Ahlerich hat ein gutes Gedächtnis. Wenn er bei einer Übung patzt und dafür zu hart bestraft wird, vergißt er dies nicht und erschrickt beim nächsten Mal schon beim Ansatz eines Fehlers und stürmt davon.

Da ich Ahlerich von Jugend an kannte, wußte ich inzwischen genau, wie weit ich mit einer Korrektur gehen durfte und wo ich Kompromisse machen mußte. Respekt konnte man Ahlerich nicht mit Gewalt, sondern höchstens dadurch abgewinnen, daß man seine Reaktionen erahnte und ihnen zuvorkam. Das ist natürlich leichter gesagt als getan.

Bis zum Beginn der beiden Turnierprüfungen in Kronberg hatte Ahlerich sich an die Arbeit auf dem Dressurviereck wieder gewöhnt. Es gab im Grand Prix keine besonderen Probleme. Ahlerich ging ohne grobe Lektionenfehler und wurde Zweiter hinter Uwe Schulten-Baumer auf Slibovitz. Im Grand Prix Special gab es die gleiche Plazierung. Hier hatte Ahlerich sich etwas Neues einfallen lassen. Bei der Schlußpiaffe vor der Grußaufstellung konnte ich ihn aus der Piaffe nicht zum Halten bringen. Die Hilfe zur ganzen Parade hatte die Wirkung, daß Ahlerich nur noch höher und ausdrucksvoller piaffierte. Die Zuschauer lachten. Ich selbst wurde ärgerlich und verpaßte Ahlerich schließlich einen Insterburger. Danach mußte auch ich lachen und durfte, da wir im Trainingsturnier waren, die Schlußlektionen auf der Mittellinie noch einmal wiederholen. Diesmal folgte Ahlerich meinen Reiterhilfen willig. Ich lobte ihn fast überschwenglich, um keine unangenehme Erinnerung für den nächsten Start in Goodwood zurückzulassen.

Internationales Festival der Dressurreiter Goodwood 1980

Vom 6.–10. August 1980 traf sich bis auf die Olympiasiegerin von Moskau, Sissi Theurer, tatsächlich die gesamte Elite der westlichen Welt in Goodwood. 32 Starter aus 12 Nationen, darunter 8 komplette Mannschaften, traten zum Grand Prix an. Die englische Premierministerin, Margaret Thatcher ließ es sich nicht nehmen, die Wettkämpfe zu verfolgen und den Siegern und Plazierten persönlich zu gratulieren. Das war für uns alle höchst eindrucksvoll, auch wenn Prinz Philip, der Präsident der FEI, nicht anwesend war.

Goodwood ist ein Dressurstadion, das seine besonderen Reize hat und in dem wir schon manche Überraschung erlebt haben. Auf der rechten Seite ist das Viereck durch eine Tribüne eingefaßt. Auf der linken Seite und auf der kurzen Seite hinter den Richtern sind keine Tribünen. Man blickt in die weite, bezaubernde Landschaft. Für Ahlerich war es der erste Start in Goodwood. Ich ahnte nichts Böses, zumal ich beim Abreiten, auch an den Vortagen bis zum Start, ein gutes Gefühl hatte. Als ich zum Mannschafts-Grand Prix das Stadion betrat, war Ahlerich wie verwandelt. Auf der kurzen Seite hinter den Richtern war ein Fernsehturm aufgestellt, der Ahlerichs besondere Aufmerksamkeit auf sich zog. Er erhob seinen Hals und wurde um fast einen halben Meter größer. Ich wendete sofort ab zur Tribünenseite. Dort fühlte sich Ahlerich zu Hause und entspannte sich. Dann ertönte das Zeichen zum Einreiten. Ich galoppierte auf die Richter zu und konnte nicht verhindern, daß Ahlerich vorne immer größer wurde und abermals auf den Fernsehturm schaute. Das war die erste Warnung.

Nach dem Anreiten ging es Gott sei Dank auf die Tribünenseite zu. Ahlerich beruhigte sich und blieb brav. Der erste Mittelgalopp mit dem fliegenden Galoppwechsel bei X mußte in der Diagonalen ausgeführt werden, die den Blick in die freie Landschaft eröffnete. Ich wagte kaum vorwärts zu reiten und hatte Glück, daß Ahlerich zögerte, weil er offenbar in der

Abb. 28. Internationales Dressurfestival Goodwood 1980. Gebißkontrolle vor dem Start. Wird Ahlerich brav sein?

weiteren Entfernung etwas gesehen hatte. Der starke Galopp in der nächsten Diagonalen von der Tribünenseite aus war kein Problem. »Jetzt mußt du mehr riskieren, sonst geht es dir wieder wie im Grand Prix in Aachen«, lauteten meine Gedanken. Ich nahm mir vor, den nun folgenden starken Trab echt herauszureiten. Nach etwa 10 Metern der Diagonalen schaute Ahlerich nur noch in die Ferne und startete zum Renngalopp. Um das Viereck nicht zu verlassen, blieb mir keine andere Wahl, als in schlechter Springreitermanier die Bremse zu ziehen, was mich immerhin auf dem Viereck hielt.

Normalerweise wäre jetzt bei jedem anderen Pferd die Prüfung zu Ende gewesen. Nicht jedoch bei Ahlerich. Nach der Diagonalen ging es über die kurze Seite auf die Tribünenseite zu. Ich glaube, außer den Zuschauern und mir hatte auch Ahlerich über seinen Blitzstart zum Renngalopp einen Schrecken bekommen. Jedenfalls ließ er sich rasch wieder beruhigen und unter Kontrolle bringen. Wer für 30 Sekunden weggeschaut hatte, hätte es nicht für möglich

Abb. 29. In der Schlußpassage geht er wieder wie ein König.

gehalten, was tatsächlich passiert war. Zu einer so raschen Stimmungsänderung war eben nur Ahlerich fähig, der offenbar instinktiv erkannte, was er angerichtet hatte.

Der Rest der Aufgabe gelang nahezu fehlerlos. Lediglich in der zweiten Volte der Schlußpassage schaute Ahlerich nochmals in die Ferne und warf dabei seine Beine durcheinander. Ansonsten war jeder überrascht, daß die Aufgabe nach der Explosion am Anfang noch so gut zu Ende geritten werden konnte.

Die englischen Zuschauer zeigten Sympathie für die Pferdepersönlichkeit von Ahlerich. Das spürte man aus dem Beifall. Im Ergebnis blieb jedoch ein Rückstand von über 100 Punkten zu der Siegerin Christine Stückelberger auf Granat mit 1749 Punkten vor Uwe Schulten-Baumer auf Slibovitz (1725) und Uwe Sauer auf Hirtentraum mit 1654 Punkten. Ahlerich folgte an 4. Stelle mit 1633 Punkten. Mit diesem Ergebnis mußte und konnte ich sehr zufrieden sein. Die beiden Fehler hatten zu Recht erhebliche Punktabzüge gebracht.

Wieder lag ein Grand Prix-Tag hinter uns, an dem es nicht voraussehbare Überraschungen gegeben hatte, ähnlich wie in Aachen. Wieder hatte Ahlerich sich Eskapaden geleistet, die bei einem Pferd dieser Klasse nicht vorkommen durften. Entsprechend gedrückt war meine persönliche Stimmung.

Für den Grand Prix Special nahm ich mir vor, die Scharte vom Vortag auszuwetzen. Allerdings war mir klar, daß die Diagonale zur tribünenoffenen Seite weiterhin ein Risiko beinhalten würde, weshalb ich nicht – wie in Aachen – auf volles Tempo gehen durfte.

Ein braver, moderater Ahlerich zeigte sich im Grand Prix Special. Wir konnten uns auf einen dritten Platz verbessern, und als das jüngste Pferd in dieser Prüfung empfing Ahlerich bei seinem ersten Start in einem Championat aus der Hand von Margaret Thatcher die Bronzemedaille. Unter den gegebenen Umständen war dies hinter Christine Stückelberger auf Granat und Uwe Schulten-Baumer auf Slibovitz ein optimaler Erfolg.

Goodwood International Dressage Festival (C.D.I.O.) F.E.I. Grand Prix Special, Sunday, 10. August, 1980

No.	Horse	Judge C	Place	Judge M	Place	Judge H	Place	Judge B	Place	Judge E	Place	Total	Place
46	Granat (CH)	287	1	304	1	292	1	288	1	281	1	1 452	1st
37	Slibovitz (G)	285	2	275	2	275	2	267	2	271	3	1 373	2nd
31	Ahlerich (G)	283	3	268	3	269	3	256	4	269	4	1 345	3rd
34	Hirtentraum (G)	271	4	265	4	248	8	257	3	273	2	1 314	4th
29	Ultimo (G)	267	5	247	5	268	4	242	7	255	6	1 279	5th
59	Dutch Courage (GB)	252	7=	236	7	252	6=	250	5	262	5	1 252	6th
49	Widin (CH)	252	7=	229	11=	255	5	246	6	252	7	1 234	7th
40	Ivar (NL)	252	7=	238	6	252	6=	234	11	251	8	1 227	8th
23	Vol Au Vent (F)	253	6	235	8	245	9	239	8	247	9	1 219	9th
51	Aintree (CH)	250	10	230	9=	235	11	233	12	246	10	1 194	10th
14	Marzog (DK)	246	11	230	9=	241	10	238	9	238	12	1 193	11th
12	Coq D'Or (DK)	243	12	229	11=	232	12	237	10	240	11	1 181	12th

Judges: C = Schuette   M = Hall   H = Niggli   B = Willer Hansen   E = Pot

Revanche in Rotterdam

Die wichtigste Erkenntnis für mich war die Tatsache, daß Ahlerich international weiterhin ankam und das Zeug in sich hatte, auch Slibovitz und Granat zu schlagen. Schon am folgenden Wochenende in Rotterdam vom 13.–17. August 1980 ergab sich die Gelegenheit zu einer Revanche. Im Grand Prix endete das Duell zwischen Slibovitz und Ahlerich unentschieden. Bei 5 Richtern lag zwischen beiden Pferden nur 1 Punkt. Im Grand Prix Special lief Ahlerich zur Glanzform auf. Mit 1 426 Punkten zu 1 344 Punkten deklassierte er Slibovitz um 82 Punkte und wurde von allen 5 Richtern auf Platz 1 gesetzt. »Wäre Ahlerich doch auch so in Goodwood gegangen«, sagten wir uns auf der Heimfahrt von Rotterdam, ohne unserem lieben »Ali« böse zu sein.

Das Jahr war noch nicht zu Ende. Drei Wochen nach Rotterdam wurden in München die Deutschen Meisterschaften der Dressurreiter 1980 ausgetragen. Danach folgte noch das heimatliche Turnier der Sieger in Münster vom 19.–21. September. Es ging also von Goodwood bis Münster praktisch in eine ununterbrochene Herbstsaison über.

Abb. 31. Mit einem großartigen Grand Prix Special-Sieg begeisterte Ahlerich die Zuschauer in Rotterdam sowohl im Wettkampf als auch – wie hier – in der Passage vor dem großen Publikum.

Deutsche Meisterschaft in München

Für mich gab es nach Rotterdam keine Steigerung mehr. Ich hätte mit diesem Turnier die Saison am liebsten beendet, denn in meinem Anwaltsbüro wurde ich dringend benötigt, da das Ende der Gerichtsferien bevorstand. So fuhr ich mehr oder weniger unvorbereitet zu den Deutschen Meisterschaften nach München. Meine Frau übernahm die Bewegungsarbeit von Ahlerich zwischen Rotterdam und München. Auszufeilen gab es ohnehin nichts. Besser als in Rotterdam konnte er derzeit nicht gehen.

In München fand Uwe Schulten-Baumer auf Slibovitz zu seiner Bestform zurück. Er gewann mit 1766 Punkten den Grand Prix überlegen vor Ahlerich, der mit 1715 Punkten ein für ihn im Grand Prix nach Aachen und Goodwood gutes Resultat erzielte. Würde mein Reiterfreund Uwe Schulten-Baumer im Grand Prix Special ähnlich wie in Rotterdam noch abzufangen sein? – Diese Frage beschäftigte nicht nur uns. Um es kurz zu machen: Die Entscheidung fiel knapp zugunsten meines Freundes Uwe Schulten-Baumer aus, der mit 2 Punkten Vorsprung (1436 Punkte zu 1434 Punkte) gewann, wobei Ahlerich dreimal und Slibovitz zweimal die Platzziffer 1 bekamen. Es hätte ein leichter Sieg von Ahlerich werden können; aber leider erinnerte er sich im ersten starken Trab an Goodwood und galoppierte bei X wie aus der Pistole geschossen kurz an. Da halfen auch die hervorragenden Piaffen und Passagen nichts. Mit einer Note 3 im starken Trab kann man nicht Meister werden. Uwe Schulten-Baumer hatte an diesem Tag den Titel verdient.

Abb. 32. Deutsche Meisterschaft München 1980. Eine seltene Studie zweier Pferde in der gleichen Bewegungsphase im Schritt. Galapagos unter Gabriela Grillo im Schritt am Zügel und Ahlerich im Schritt mit hingegebenen Zügeln. Bei beiden Pferden ist die Gelassenheit des Schreitens außerordentlich eindrucksvoll.

Abb. 33. Taktmäßige Piaffe in guter Versammlung.

Abb. 34. Ohne Freude geht es nicht. In der Ehrenrunde vor der Haupttribüne des Olympia-Stadions verwandelt sich Ahlerich in ein Rennpferd.

Turnier der Sieger zum Abschluß der Saison

Meine Mannschaftskameraden von Goodwood hatten die Sommersaison 1980 mit München verständlicherweise beendet. Uns erwartete noch Münster. Als Lokalmatador mußte ich mich dort noch einmal zeigen. Es gab zwei standesgemäße Siege mit hohen Punktvorsprüngen eines Ahlerich, der sich zu Hause pudelwohl fühlte und keine Fehler machte. Damit ging das Turnierjahr 1980 auch für ihn zu Ende, mit einer Erfolgsserie, die sich sehen lassen kann. Besonders international waren wir ein Stück vorangekommen. In der Wertung der besten Dressurpferde der Welt rangierte Ahlerich auf Platz 3. Die Grand Prix Special-Siege in Aachen und Rotterdam zeigten an, daß er in der Lage war, gegen die besten Pferde der Welt zu gewinnen.

Ahlerichs Erfolge 1980

Münster 17.–20. 1.	1. S-Dressur
Bremen 6.–10. 2.	1. Grand Prix
Dortmund 27. 2.–2. 3.	3. Grand Prix 2. Grand Prix Special
Balve 9.–11. 5.	2. Grand Prix 1. Grand Prix Special
Hamburg 30. 5.–1. 6.	3. Grand Prix
Aachen 10.–15. 6.	5. Grand Prix 1. Grand Prix Mannschaft 1. Grand Prix Special
Kronberg 5.–6. 7.	2. Grand Prix 2. Grand Prix Special
Goodwood 6.–10. 8.	4. Grand Prix 1. Grand Prix Mannschaft 3. Grand Prix Special
Rotterdam 13.–17. 8.	3. Grand Prix 1. Grand Prix Special
München 5.–7. 9.	2. Grand Prix 2. Grand Prix Special
Münster 19.–21. 9.	1. Grand Prix 1. Grand Prix Special

Der Winter 1980/81

Nach der langen Saison von Januar bis September beschloß ich, keine Nennungen für die Hallenturniere im November und Dezember 1980 abzugeben. Ahlerich hatte gesundheitlich voll durchgehalten. Die Erinnerung an das schwarze Jahr 1979 war noch nicht weggewischt. Ich wollte lieber auf ein paar Siege verzichten und das Glück nicht herausfordern. Wenn es mir gelingen würde, Ahlerich international behutsam weiter aufzubauen, hatte ich mit ihm eine reelle Chance bei den Weltmeisterschaften 1982 und bei den Olympischen Spielen 1984. Diese beiden großen Ziele waren für mich das Wichtigste.

Die Überschrift über die Winterarbeit 1980/81 lautete: schonen und viel kraftsparend bewegen. Was dies aussagt, habe ich ausführlich in dem Kapitel über die Winterarbeit 1978/79 beschrieben. Damals bekam Ahlerich nach dem Turnier der Sieger in Münster Wettkampf-pause. Die gleiche Situation wiederholte sich jetzt, nur mit dem Unterschied, daß er inzwischen zwei Jahre älter und reifer geworden war. Deshalb wurden noch weniger Lektionen geübt. Wir verzichteten auf die Feinarbeit unter Auswertung der Notenbogen der Richter aus der laufenden Saison. Ahlerich sollte wirklich Urlaub erhalten. Entsprechend unseren zeitlichen Möglichkeiten wurde er von Oktober bis Dezember abwechselnd von meiner Frau, einer jungen Reiterin unseres Stalles oder von mir selbst täglich etwa eine Stunde geritten. Das Arbeitspensum enthielt etwa eine viertel Stunde lösende Übungen, nämlich Schritt mit hingegebenen Zügeln, Arbeitstrab im Leichttraben und Aussitzen sowie Arbeitsgalopp auf beiden Händen. Es folgte eine Schrittpause mit hingegebenen Zügeln von etwa 5 bis 10 Minuten. Danach ging es in den etwa 20 Minuten dauernden Arbeitsteil der Reitstunde über. Hier wurde Ahlerich in Gebrauchshaltung vorwiegend im Trab und im Galopp geritten mit möglichst weichen Übergängen vom Trab zum Schritt und vom Trab zum Galopp sowie umgekehrt. Wenn der Reiter fühlte, daß der Bewegungsdrang des Pferdes gestillt war, wurde die Reitstunde im Schritt mit hingegebenen Zügeln beendet. Sowohl beim Lösen als auch am Schluß wurden, wenn es sich ergab, Cavalettis in die Bewegungsarbeit mit einbezogen.

So verging die Zeit bis Weihnachten. Wir hätten die Erholungsarbeit gern noch bis in das Frühjahr ausgedehnt, wenn nicht im Januar wieder das traditionelle Hallenturnier in der Halle Münsterland angestanden hätte. Als Münsteraner bin ich diesem Turnier verpflichtet. Die Westfalen wollen dort ihren Ahlerich sehen. Ob ich es will oder nicht: Dieser Termin schreibt mir seit Jahrzehnten die Einteilung der Winterarbeit vor. Daraus hat sich der Turnierrhythmus: Münster im Januar, Bremen im Februar und Dortmund im März entwik-kelt. Wir haben uns mit unserem Turnierstall darauf eingestellt und beschränken den Spielraum für Änderungen auf den Zeitraum von Oktober bis Dezember.

Halle Münsterland im Schongang

Zwischen Weihnachten und Neujahr begann für Ahlerich also erneut der Ernst des Lebens. Aufgrund der inzwischen gewonnenen Routine fiel die Vorbereitung auf Münster sparsam aus. Ich kümmerte mich mehr um Feuerball, den selbstgezogenen Schimmelwallach Optimist und um mein neues Nachwuchspferd Pascal, den ich zum ersten Mal in der Klasse S 2 herausbringen wollte.

Ahlerich erfüllte in der Dressur S 10 am Sonntag morgen die Erwartungen seiner Anhänger leicht. Er gewann mit 38 Punkten Vorsprung durch eine nahezu fehlerfreie Vorstellung, bei der die Piaffen und Passagen nach dem Urteil der Kritiker einen besonderen Glanzpunkt darstellten. In der Kür am Sonntag nachmittag schonte ich Ahlerich und sattelte statt dessen Feuerball. Ich hatte meine Pflicht erfüllt. Es wartete noch eine lange Saison auf uns.

Bremen mit zwei großen Siegen

Genau ein Monat lag zwischen Münster und Bremen. Ich übte mit Ahlerich nicht mehr als notwendig und vertraute auf mein seit Jahren in Bremen gehabtes Glück. Die Ernüchterung ließ nicht lange auf sich warten. Als Einlaufprüfung gab es diesmal die Intermédiaire II. Die darin enthaltene Tour mit den Schlangenlinien im Galopp durch die ganze Bahn hatte Ahlerich noch nie richtig behagt. Und deshalb kam es, wie es kommen mußte: Ahlerich nahm den ersten Galoppwechsel auf den Schlangenlinien zum Anlaß, um sich aufzuspielen, er stürmte davon und galoppierte den Rest mit gespannten, zuckenden Hinterbeinen. Der Sieg war natürlich dahin. Ich wurde auf den Boden der Tatsachen zurückgeholt, die darin bestanden, daß Ahlerich wesentlich mehr Vorbereitungszeit beim Abreiten benötigte.

Am Samstag abend nahm ich ihn aus diesem Grund auf Trense ein zweites Mal heraus, ritt

Abb. 35. Erst am zweiten Tag fand Ahlerich in Bremen 1981 zu seiner Form, um dann in schwungvoller Aktion den Grand Prix zu gewinnen.

ihn gut eine halbe Stunde, bis er faul wurde, und stimmte ihn dabei bereits auf den Grand Prix ein. Am folgenden Morgen war Ahlerich wie umgewandelt. Er hatte sich in das Turnierleben wieder eingewöhnt und ließ sich willig in allen Lektionen vorreiten. »Ahlerich wußte seine Aufgabe auswendig«, lautete die Schlagzeile über den Grand Prix am Montag in der Tagespresse. Ein Grand Prix-Sieg mit 34 Punkten Vorsprung war der Lohn. Zum vierten Mal in ununterbrochener Reihenfolge gewann Ahlerich damit den Grand Prix de Dressage in Bremen. Wie selbstverständlich folgte am Sonntag abend noch der Sieg im Großen Bremer Dressurpreis mit 581 Punkten vor Gabriela Grillo auf Galapagos (561) und Georg Heyser auf Amigo (548 Punkten). Mit so geringer Trainingsvorbereitung war ich noch niemals zuvor mit Ahlerich auf ein Turnier mit einem Grand Prix an den Start gegangen.

Auf dem Heimweg nach Münster ließen meine Frau und ich das Turnier in Gedanken an uns vorüberziehen. Wir waren uns einig, daß wir für Dortmund im März zu Hause noch einiges zu tun hatten, um nicht am ersten Turniertag erneut eine Überraschung zu erleben.

Erster Großtest im März in Dortmund

Der Zeitabstand zwischen Bremen und Dortmund betrug wieder einen Monat. Das war für die Vorbereitung ideal. Gewarnt von früheren Erlebnissen wollte ich diesmal kein Risiko eingehen. Ein gehorsamer Ahlerich sollte sich in Dortmund zeigen. Dieser erste internationale Vergleich gab außerdem schon eine bestimmte Richtung für das weitere Geschehen des Jahres an.

Ich hatte mir vorgenommen, im Grand Prix durch vorsichtiges Reiten mit möglichst wenig sichtbaren Hilfen und ohne jede Hektik aufzufallen. Dazu überprüfte ich in der Arbeit immer wieder meine Hilfengebung, schaute in den großen Reitbahnspiegel und befragte meine Frau. Ich fühlte mich ganz sicher auf dem richtigen Weg. Der Grand Prix in Dortmund verlief genau so, wie ich mir das vorgestellt hatte. Das Ergebnis war jedoch zwiespältig. Die beiden ausländischen Richter Herr Pot (Holland) und Herr Devolz (Frankreich) vergaben für Ahlerich die Platzziffer 1, während die drei deutschen Richter die Platzziffern 6, 6, 7 vergaben. Als Gesamtresultat bedeutete dies Platz 2 hinter Uwe Schulten-Baumer auf Slibovitz. Ich versuchte, aus den Notenbögen zu ergründen, worauf die Bewertungsdifferenzen beruhten. Während die beiden ausländischen Richter die Harmonie und Weichheit der Übergänge belohnten, bemängelten die drei deutschen Richter übereinstimmend die fehlende Dynamik und den fehlenden Mut zu echten Verstärkungen. Da stand ich wieder an dem Scheideweg: Ich mußte, um alle Richter zu überzeugen, mehr riskieren, aber keine Hektik zeigen.

Im Grand Prix Special fiel Ahlerich dies leichter. Diese Aufgabe war ihm mehr auf den Leib geschrieben. Dort konnte ich ihn von Beginn an fordern, ohne – wie beim Anfangsmittelgalopp im Grand Prix – Kompromisse eingehen zu müssen. Im Grand Prix Special von Dortmund gelang im Verhältnis zu Slibovitz unter Uwe Schulten-Baumer mit 1 444 Punkten zu 1 397 Punkten eine Wiederholung des Ergebnisses von Rotterdam 1980. Alle 5 Richter sahen Ahlerich deutlich vor Slibovitz. Für mich selbst blieb die Erkenntnis, daß ein braver Ahlerich zum Siegen nicht ausreichte. Um alle Richter zu überzeugen, mußte ich den Mut zum Risiko aufbringen und darauf mein Reiten ausrichten.

Abb. 36. Fliegende Galoppwechsel von Sprung zu Sprung vor dem großen Publikum in der Dortmunder Westfalenhalle im März 1981 nach einem überlegenen Sieg im Grand Prix Special.

Klimke mit einer Superleistung in der Dressur vorn

1:1 im Zweikampf mit Schulten-Baumer

-hd- **Dortmund** (Eig. Ber.). Reiner Klimke ertrank fast in dem Meer von Glückwünschen. Mit einer eindrucksvollen Leistung hatte der Münsteraner beim internationalen Reitturnier in Dortmund vor 3000 Zuschauern bei der Matinee-Vorstellung den »Grand Prix Special« der Dressur gewonnen. Sein 10jähriger Ahlerich ging die Aufgabe, nach der bei Championaten die Einzelmedaillen vergeben werden, nicht nur makellos, sondern vermochte bei den Höchstschwierigkeiten wie Piaffe und Pirouette noch besonders zu glänzen.

1 444 Punkte sind ein internationales Spitzenergebnis – an diese Marke, aber auch an Ahlerichs Leistung kam gestern Vizeweltmeister Uwe Schulten-Baumer (Warendorf) nicht heran. Slibovitz, mit 1 397 Punkten bedacht, zeigte Schwächen in den Traversalen und den Galoppwechseln und wirkte noch nicht so ausdrucksstark wie in seiner Glanzform.

Mit Dr. Reiner Klimke auf Ahlerich und Dr. Uwe Schulten-Baumer auf Slibovitz aber hat die deutsche Dressurreiterei zwei Kandidaten, die gut genug sind, Europameister zu werden. Die Titelverteidigerin und Olympiasiegerin Elisabeth Theurer (Österreich) fehlte in Dortmund.

»Bei diesem Ergebnis wird auch Christine Stückelberger nervös«, vermutete Reiner Klimke hoffnungsfroh. Bei den Titelkämpfen im September in Österreich ist – das hat die Dressur in Dortmund gezeigt – der Griff zum Titel für einen deutschen Einzelreiter – sei es Klimke oder Schulten-Baumer – möglich. Sechs Jahre lang hat es das nicht mehr gegeben.

Immerhin hatte ich nach Dortmund erreicht, daß die Fachpresse von einer Wachablösung in der Dressur berichtete, »allerdings in die falsche Richtung«; denn nicht der jüngere Konkurrent Uwe Schulten-Baumer eroberte als Nachfolger von Harry Boldt die Stellung als Nummer Eins in Deutschland, sondern die Welle des Erfolges drehte sich wieder um zu dem »alten Herrn« Reiner Klimke. Ich spürte dies und richtete von nun an meine ganze Aufmerksamkeit darauf, eine Strategie für die im September 1981 anstehende Europameisterschaft der Dressurreiter in Laxenburg/Österreich zu entwickeln. Die Richter dazu standen fest. Sie waren auf der Generalversammlung der FEI im Dezember 1980 bereits bestimmt worden. Wer in Laxenburg gewinnen wollte, mußte diese Richter überzeugen.

Für meinen Vorbereitungsplan bedeutete dies, neben den offiziellen Vorbereitungsprüfungen auf bundesdeutscher Ebene zusätzlich möglichst diejenigen Turniere zu besuchen, zu denen Richter eingeladen waren, die bei der Europameisterschaft in Laxenburg über den Titel zu entscheiden hatten.

Die Sommersaison 1981 mit Blick auf die Europa- meisterschaften in Laxenburg

Ich habe schon erwähnt, daß ich es für wenig nützlich halte, den Richtern, die über Titel und Meisterschaften entscheiden, in der Vorbereitung aus dem Wege zu gehen. Wenn man Erfolg haben will, muß man vielmehr deren Auffassung studieren und versuchen, genauso zu reiten, wie es von ihnen gewünscht wird. Dies bedeutet beileibe keinen Kompromiß an die überlieferten Grundsätze der klassischen Reitkunst. Denn normalerweise werden nur die besten Richter für eine Meisterschaft nominiert. Und wenn es Abstriche geben sollte, besteht in den Qualifikationsprüfungen durchaus die Chance, etwaige Korrekturen mit Blickrichtung auf die im Dressurreglement der FEI verankerten Richtlinien durchzubringen. Die Dressur- richter in Deutschland haben fast Sonntag für Sonntag die Gelegenheit, in Dressurprüfungen ihren Erfahrungsstand auf dem laufenden zu halten. Manche internationalen Dressurrichter haben diese Möglichkeit nicht. Wenn ihnen die führenden Reiter in den internationalen Wettbewerben vor einer Meisterschaft aus dem Wege gehen, hilft dies der Urteilsfindung in der entscheidenden Championatsprüfung nicht. Ich habe die Erfahrung gemacht, daß die internationalen Richter am ehesten zu überzeugen sind, wenn man sich ihrem Urteil vorher in Prüfungen stellt, Augen und Ohren dabei offenhält und versucht, sein Pferd so vorzureiten, wie dies der allgemeinen Überzeugung der Jury entspricht. Wenn dann aus dem Richtergre- mium jemand ausschert, hat man beim nächsten Mal durchaus die Chance, daß sich ein abweichender Richter aufgrund einer Aussprache mit seinen Kollegen hat belehren lassen, während nach meiner Überzeugung die Chance einer einheitlichen Bewertung geringer ist, wenn sich der Reiter vor einem Championat versteckt und den Richtern aus dem Wege geht.

Ich schreibe dies mit allem Respekt vor den internationalen Dressurrichtern und will damit nur ausdrücken, daß diejenigen Richter, die häufig die Möglichkeit haben, Grand Prix-

Prüfungen zu richten, in der Urteilsfindung begünstigt sind und dem Teilnehmer die bessere Möglichkeit bieten, sich auf die entscheidende Championatsprüfung vorzubereiten.

Der zweigleisige Weg nach Laxenburg

Um die vorstehend wiedergegebenen Überlegungen in die Praxis umzusetzen, mußte ich 1981 einen zweigleisigen Weg beschreiten, um mich sorgfältig auf die Europameisterschaften vorzubereiten. Der Dressurausschuß des DOKR hatte die Turniere in Essen, Aachen und Berlin zu Qualifikations- bzw. Vorbereitungsprüfungen bestimmt. Für Essen und Berlin wurden ausschließlich deutsche Richter eingeladen. Es blieb Aachen als einziger Start vor internationalen Richtern, die in Laxenburg über den Europameistertitel zu entscheiden hatten. Das war mir persönlich zu wenig. Deshalb entschloß ich mich, zusätzlich international in Goodwood und Rotterdam teilzunehmen. Das war zwar insgesamt ein umfangreiches und sicher auch anstrengendes Programm; aber Ahlerich war jetzt 10jährig und damit in einem Alter, in dem man eine so lange Saison ohne Schaden für die Gesundheit riskieren kann.

Erster Freiluftstart national in Essen Anfang Mai

Auf einem sehr gut hergerichteten Viereck trafen sich in der ersten Maiwoche die besten deutschen Dressurreiter in Essen-Stadtwald zu einer ersten Sichtungsprüfung. Die Prüfungen waren offen für Amateure und Berufsreiter. Es kam ein Starterfeld zusammen, in dem sich 10 Grand Prix-Sieger befanden. Dementsprechend war das Leistungsniveau: Drei Pferde erreichten über 1 700 Punkte und 10 weitere Pferde über 1 600 Punkte. Es gab Grund genug, auf dieses Ergebnis stolz zu sein.

Ahlerich zeigte sich von seiner besten Seite. Er gewann den Grand Prix mit 1 732 Punkten vor Gabriela Grillo auf Ultimo (1 728) und Uwe Schulten-Baumer auf Madras (1 707). Und er gewann auch am folgenden Tag den Grand Prix Special mit 1 477 Punkten. Zum ersten Mal konnte ich Amantiado in der großen Konkurrenz wieder einsetzen, die nach einem Unfall in Balve im Mai 1980 und fast einjähriger Pause langsam zu ihrer Form zurückfand.

Goodwood – wieder eine Zitterpartie

National war durch den doppelten Erfolg in Essen die Position von Ahlerich innerhalb der deutschen Dressurmannschaft gefestigt. International fehlte mir ein Urteil der Richter für die EM in Laxenburg. Deshalb fuhren wir Ende Mai nach Goodwood in England. Ich wollte versuchen, dort eine möglichst positive Beurteilung von dem schwedischen Richter Gustav Nyblaeus zu erhalten.

Abb. 37. Europameisterschaft Laxenburg 1981. Zwei westfälische Vollbrüder, Ahlerich und Amon, wechselten sich im Grand Prix und Grand Prix Special auf dem 4. und 5. Platz ab.

Abb. 38. Ein schwungvoller Trab vor dem Einritt ins Viereck soll nicht nur die Zuschauer beeindrucken. Er ist für den Reiter die Probe für das, was er in der Aufgabe auf dem Viereck an diesem Tage riskieren kann.

Abb. 39/40 (rechts). Dem Pferd steht die Zufriedenheit und dem Reiter die Freude im Gesicht

Abb. 41 (oben). Im Training vor der Weltmeisterschaft 1982. Der ganze Stolz eines gut ausgebildeten Pferdes zeigt sich in der Passage. Gesenkte Hinterhand, Selbsthaltung und freier Austritt aus der Schulter mit angewinkeltem Vorarm sind Kennzeichen einer nahezu vollendeten Ausführung.

Abb. 42 (rechts). So schwungvoll und aufmerksam ging Ahlerich in Goodwood erst am zweiten Tag, nachdem im Grand Prix am Vortag Erinnerungen an das Jahr zuvor für Ablenkung gesorgt hatten.

Es kam jedoch ganz anders. Ahlerich war draußen auf dem Abreiteplatz ein König. Als ich mit ihm aber das Dressurstadion betrat, erinnerte er sich offensichtlich an seinen Auftritt aus dem Vorjahr beim internationalen Dressurfestival. In jeder Diagonalen, die von der Tribüne weg mit dem Blick in die freie Landschaft führte, entzog sich Ahlerich den Reiterhilfen und machte Fehler über Fehler. Mit einer Punktzahl von 1566 wurde ich im Grand Prix nur deshalb noch Dritter, weil die Konkurrenz so schwach war. Die Noten von Herrn Nyblaeus fielen mit 288 Punkten entsprechend aus. Das war die niedrigste Bewertung, die ich jemals mit Ahlerich im Turnier erhalten hatte. Zu allem Überfluß bekam ich von Herrn Nyblaeus für Sitz und Einwirkung in der Fußnote eine 6. Englands legendärer Military-Olympiasieger Frank Weldon, der sich in Goodwood als Journalist betätigte, sagte nach der Vorführung von Ahlerich im Grand Prix: »Klimke saß auf einem rohen Ei«.

Am Abend an der Bar wurde der Ärger hinuntergespült. »Wären wir doch lieber zu Hause geblieben«, sagten unsere Freunde, die uns nach Goodwood begleitet hatten. Diese Erkenntnis kam jedoch zu spät. Nun waren wir da, und es konnte nur noch ein Ziel geben: durch einen guten Grand Prix Special den schlechten Eindruck aus dem Turnier zumindest abzuschwächen.

Und tatsächlich war im Grand Prix Special am nächsten Tag die Welt wieder in Ordnung. Ahlerich siegte sicher vor Madras, den Alexa Schulten-Baumer ritt, und war wie umgewandelt. Zum zweiten Mal innerhalb eines Jahres hatte Ahlerich in Goodwood seine zwei verschiedenen Gesichter gezeigt. In der Rückschau auf dem Heimweg nach Deutschland mußten wir uns eingestehen, unser erstes internationales Ziel der Sommersaison 1981 nicht erreicht zu haben.

Aufholjagd in Aachen

Einen Monat später fand Aachen statt. Hier wollte und mußte ich sowohl im Turnier als auch im Grand Prix Special gut reiten, um eine Position für die EM zu bewahren. Ich nutzte die Zwischenzeit in Münster zu einem intensiven Training mit all den Sicherheitsvorkehrungen, die ich in der Vergangenheit vor großen Prüfungen erfolgreich erprobt hatte. An zwei Wochenenden wurde zu Hause Turnier geübt. Dabei forderte ich Ahlerich heraus und wiederholte im Verlaufe einer Aufgabe verpatzte Übungen mehrmals, bis sie klappten. Ahlerich spürte wohl instinktiv meine Strenge. Diesmal war er es, der nachgab und Frieden anbot.

Mit Zuversicht traten wir Ende Juni die Reise nach Aachen an. Wie schon in den Vorjahren wollte ich die Zeit von dienstags bis zum Grand Prix am Samstag für eine gründliche Vorbereitung am Ort des Geschehens nutzen. Es gab diesmal keine ernsthaften Probleme. Ahlerich fühlte sich vom ersten Tag an in der für ihn inzwischen bekannten Umgebung wohl. Der Grand Prix-Start konnte ruhig kommen. In der Vorbereitung am Samstag morgen war er gelassen und wirklich gehorsam. Ich hatte nicht einen Augenblick das Gefühl einer Unsicherheit.

Abb. 43. Den Dank des Reiters hatte Ahlerich nach dem aufregenden Sturz in der Vorbereitung zum Grand Prix verdient.

Abb. 44. Zum zweiten Mal hintereinander gewann Ahlerich in Aachen 1981 den Grand Prix Special, vor allem durch besonders gute Piaffen und Passagen.

Doch dann passierte erneut ein Mißgeschick. Nach dem Abreiten auf Trense wollte ich noch einen starken Trab reiten, bevor ich in den Stall zurückkehrte, um die Kandare auflegen zu lassen. Ahlerich trat voll an. Am Ende der Diagonalen wollte ich ihn parieren und loben. Aber unglücklicherweise rutschte Ahlerich auf dem Sandboden aus, trat durch bis auf den Betonuntergrund und kam zu Fall. Ich stürzte mit ihm und geriet mit meinem linken Oberschenkel unter das Pferd. Für einen Augenblick verspürte ich einen stechenden Schmerz und glaubte, der Tag sei für mich zu Ende. Claudia Rosner fing den aufgeregten Ahlerich ein und beruhigte ihn. Ich konnte mich nur langsam erheben und humpelte hinterher. Nach ein paar Minuten stellte es sich heraus, daß der Schrecken größer gewesen war als die Folgen. Reiter und Pferd konnten unversehrt an den Start gehen. Nur drängte die Zeit. Der Ordner rief uns bereits auf das Vorbereitungsviereck. »Nur keine Hektik aufkommen lassen«, sagte ich mir und überstand so die letzten Minuten bis zum Start.

Beim Einritt in das Dressurstadion merkte man uns nichts an. Ahlerich ging gehorsam und vertraute ganz den Hilfen des Reiters. An diesem Tag konnte ich mich bei ihm nur bedanken. In der Plazierung erreichte Ahlerich unter 24 Startern den 3. Platz mit den Platzziffern: 1 (Niggli), 2 (Dr. Bösche), 3 (Schütte), 4 (Dr. Specht) und 9 (Nyblaeus). Herr Nyblaeus gab mir für Sitz und Einwirkung erneut eine 6. Das machte mich an diesem Tag aber kein bißchen traurig; denn Ahlerich hatte für sein ehrliches Verhalten einen Orden verdient. Für mich persönlich konnte ihm dies keiner streitig machen.

Im Grand Prix Special am nächsten Tag gelang ein überzeugender Sieg. Zu meiner großen Freude setzte diesmal auch Herr Nyblaeus Ahlerich auf Platz 1. Damit war die Aufholjagd nach Goodwood erfolgreich abgeschlossen. Ahlerich hatte die Nagelprobe für die EM in Laxenburg bestanden.

Deutsche Meisterschaften 1981 in Berlin:
Der Titel mit einem Punkt Vorsprung

National ging es weiter in Berlin. Die Deutschen Meisterschaften vom 24.−26. Juli waren gleichzeitig als letzte Ausscheidung für die EM in Laxenburg ausgeschrieben. Am Sonntag in Berlin sollte nach dem Grand Prix Special die bundesdeutsche Dressurmannschaft nominiert werden.

Die Aachener Resultate hatten das Ansehen von Ahlerich gestärkt. Innerlich ausgeglichen konnte ich nach Berlin fahren. Ich hatte zu Hause in der Zeit zwischen Aachen und Berlin einzelne Teile aus dem Grand Prix weiter ausgefeilt. Es mußte mir gelingen, Ahlerich bereits in dieser Prüfung besser zur Geltung zu bringen und nicht erst am Schlußtag im Grand Prix Special die Richter und Kritiker zu überzeugen.

Mit einer Punktzahl von 1759 wurde ich im Grand Prix Zweiter hinter Uwe Schulten-Baumer auf Slibovitz. Das war für uns ein achtbares Ergebnis, welches sich sehen lassen konnte. Allerdings zeigte Uwe Schulten-Baumer mit seinem Siegesritt eine Form, die für den nächsten Tag ein spannendes Duell versprach.

Im Grand Prix Special startete Uwe Schulten-Baumer vor mir. Ich konnte seinen Ritt nicht verfolgen und wartete auf den Bericht meiner Frau. Ahlerich fühlte sich gut an. Die Harmonie stimmte. Aber der Himmel verfinsterte sich mehr und mehr. Meine Frau kam vom Dressurplatz und sagte:»Es wird schwer zu schaffen sein, Uwe hat 1470 Punkte.« Damit war die Meisterschaft praktisch entschieden. Ich wußte aus der Erinnerung nicht, ob mein Reiterkamerad Uwe Schulten-Baumer auf Slibovitz schon jemals im Grand Prix Special eine so hohe Punktzahl erreicht hatte. Und die Art und Weise, wie meine Frau mir das Ergebnis überbrachte, deutete an, wie schwer es werden würde, das noch zu erreichen.

Irgendwie kam dadurch bei mir eine gewisse Trotzreaktion auf. Geschlagen geben wollte ich mich erst nach dem Ritt und nicht schon vorher. Ich ließ Ahlerich draußen auf dem Abreiteplatz noch einmal zu einem energischen starken Trab antreten und ritt anschließend hinüber zum Dressurstadion. Da öffneten sich die Regenschleusen. Es schien, als hätten alle Gewalten sich gegen mich verschworen. Der Gong zum Einreiten ertönte. »Kampflos wirst du nicht verlieren«, sagte ich mir und begann. Beim ersten starken Trab konnte ich volles Tempo riskieren. Ahlerich marschierte los, als wüßte er, worum es ging. Danach setzte ein Platzregen ein, der meiner Brille im Nu so zusetzte, daß ich von Minute zu Minute weniger sehen konnte. »Jetzt erst recht«, erwachte in mir der Widerstand. Ganz genau kann ich den Ritt nicht mehr bis zum Ende beschreiben. Gefühlsmäßig war jedoch kein Fehler unterlaufen. Nach der Grußaufstellung fühlte ich mich wie jemand, der in voller Bekleidung aus dem

Abb. 45. Als »Erfinder der natürlichen Pferdewaschanlage« wurden wir aus Anlaß der Deutschen Meisterschaft 1981 in Berlin scherzhaft von Rudi Carrell in seiner »Tagesshow« bezeichnet.

Abb. 46. Am Ende war es dunkel . . . Aber der Titel gehörte uns mit einem Punkt Vorsprung.

Wasser stieg. Einige Wochen später sah ich den Ritt am Bildschirm in Rudi Carrells »Tagesshow«, in der er mich als Erfinder der natürlichen Pferdewaschanlage vorstellte. Es war der schlimmste Regenritt meiner bisherigen Reiterlaufbahn. Das Maß für die Leistung war mir abhanden gekommen. Ich hatte keinen trockenen Fleck mehr am Leib. Während ich bei Freunden unter dem Regenschirm versuchte, meine Fassung wiederzugewinnen, kam gleichzeitig der Gedanke auf, wie wohl die Bewertung ausfallen würde. Einen Tip wagte ich nicht abzugeben. Ich hatte nicht einmal den Mut, zu fragen, wie es ausgesehen hatte. Nach etwa 10 Minuten verkündete der Lautsprecher das Ergebnis: 1 471 Punkte und damit genau 1 Punkt mehr als Uwe Schulten-Baumer auf Slibovitz. Die Sensation war perfekt. Ich sprang in die Luft und umarmte vor Glück die umstehenden Freunde. »Guck mal, der flippt aus«, hörte ich einen Berliner Zuschauer sagen und machte mich deshalb davon in den Stall. Dort rannte ich an meinen Freunden und Konkurrenten vorbei die lange Stallgasse hinunter bis zur Boxe von Ahlerich und rief »Claudia, wir sind Meister.«

Mein Freund und Schüler Johann Hinnemann, der gerade Deutscher Vizemeister der Berufsreiter geworden war und im Stall die Situation miterlebte, erzählte mir später, so viel Freude und Betrübnis auf einmal wie dort auf der Stallgasse habe er noch niemals erlebt, denn ich sei in meiner Überschwenglichkeit nicht nur an ihm, sondern auch an der Boxe von Slibovitz vorbeigerannt, in der voller Enttäuschung Uwe Schulten-Baumer gestanden habe.

Zur Meisterehrung hatten wir uns alle wieder gefangen. Die Zuschauer hatten einen spannenden Wettkampf erlebt. Und die Glücksgöttin hatte mir an diesem Tag ihre Zuneigung gezeigt. Ahlerich war nach 1978 zum zweiten Mal Deutscher Meister geworden.

Deutsche Meisterschaften im Spring- und Dressurreiten der Senioren Berlin 24.–26. Juli 1981
Deutsche Meisterschaft der Dressurreiter
8 Finale – Dressurprüfung »Grand Prix Special« 26. 7. 1981
Richter bei E: H. Schütte   H: U. Mechlem   C: Dr. V. Moritz   M: P. Stecken   B: F. K. Peiß

		E	H	C	M	B	ges.
1.	2 Ahlerich/Dr. Reiner Klimke	301 (1)	302 (1)	295 (2)	283 (2)	290 (2)	1 471
2.	125 Slibovitz/Dr. Uwe Schulten-Baumer	291 (2)	298 (2)	297 (1)	285 (1)	299 (1)	1 470
3.	135 Tristan/Tilman Meyer zu Erpen	276 (4)	274 (5)	278 (3)	277 (3)	282 (3)	1 387
4.	109 Rabauke/Klaus Balkenhol	277 (5)	277 (4)	278 (3)	267 (4)	273 (5)	1 372
5.	64 Hirtentraum/Uwe Sauer	275 (5)	279 (3)	274 (5)	256 (5)	274 (4)	1 358

Rotterdam – ein unnötiges Experiment

Wenn ich es heute aus der Nachschau betrachte, habe ich 1981 nach Berlin bezüglich des Managements von Ahlerich einen großen Fehler begangen. Dieser bestand darin, daß ich nach den Erfolgen von Aachen und Berlin vor der EM in Laxenburg einen weiteren Start in Rotterdam einging. Eigentlich hätte mir der bisherige Verlauf der Saison reichen sollen. Ich hatte in Dortmund, Essen, Goodwood, Aachen und Berlin alle Grand Prix Specials gewonnen, an denen ich teilgenommen hatte. Dazwischen hatte es Unsicherheiten im Grand Prix gegeben, die sich aber von Mal zu Mal gebessert hatten. Ich bin mir sicher, daß weder Hertha Rau noch Käthe Franke, die mich beide jeweils fast über ein Jahrzehnt betreut hatten, einem Start in Rotterdam zugestimmt hätten. Der glückliche Sieg in Berlin hatte mich leichtsinnig gemacht. Ich glaubte, durch zwei Siege in Rotterdam meine Position für die EM in Laxenburg so sehr festigen zu können, daß ich dort echte Chancen haben würde, Christine Stückelberger auf Granat zu schlagen.

Es kam ganz anders. Siegesfeiern in Münster und eine zu große Portion Selbstvertrauen brachten in Rotterdam einen Ahlerich an den Start, der vor Kraft nur so strotzte. Das führte zu einer blamablen Vorstellung im Grand Prix. Der Boden war nicht ideal. Er hatte mit den aufgebrachten großen braunen Holzspänen eine ganz andere Farbe als auf dem Abreitevierieck. Ahlerich benahm sich, als sei er gerade erst eingeritten worden. Beim ersten Mittelgalopp buckelte er und versuchte, mich abzuwerfen. Ich wurde wütend und korrigierte ihn recht und schlecht. Ein enttäuschender 7. Platz kam als Endresultat heraus! Ich war derartig niedergeschlagen, daß mein Freund Anton Fischer, Equipechef und Vorsitzender des Dressurausschusses im DOKR, mich nicht mehr überreden konnte, am nächsten Tage zum Grand Prix Special an den Start zu gehen. Ahlerich hatte mich erstmals so geschafft, daß ich aufgab.

Ein Grand Prix-Sieg in München stärkt das Selbstvertrauen

Zu Hause brauchte ich einige Zeit, bis ich mein Selbstvertrauen wiedergefunden hatte. Ich wollte kein Sicherheitsrisiko für die deutsche Dressurmannschaft werden. Deshalb bat ich um Erlaubnis, in München eine Woche vor der EM in Laxenburg als letzte Vorbereitung nochmals an den Start gehen zu dürfen. Anton Fischer willigte ein. Er kannte mich zu genau und half mir, mein Selbstvertrauen wiederzugewinnen. In München fanden zeitgleich die Europameisterschaft der Springreiter und das Bundeschampionat des deutschen Reitpferdes statt. Eine größere Kulisse an Fachleuten konnte man sich nicht wünschen. Ich bereitete meine drei Spitzenpferde Ahlerich, Amantiado und Pascal sehr sorgfältig vor und hatte Erfolg. Pascal gewann überlegen den St. Georgs-Preis. Amantiado gewann mit großem Vorsprung die Intermédiaire I. Das war die richtige Einstimmung für den Grand Prix-Start von Ahlerich, der mit 1 756 Punkten überlegen gewann. Nun konnte ich aufatmen und für die EM in Laxenburg neue Hoffnung schöpfen.

Im Büro nahm ich Urlaub und fuhr von München gleich weiter nach Laxenburg/Wien.

Europameisterschaften in Laxenburg unter schlechten Bedingungen

Die Europameisterschaften der Dressurreiter 1981 in Laxenburg wurden von miserablen Bodenverhältnissen überschattet. Sie wurden darüber hinaus für alle Beteiligten recht anstrengend. Das lag in der Organisation und der Eigenart des Laxenburger Schloßparks begründet. Dort waren die Pferde in Zelten in der Nähe des Parkeingangs untergebracht. Im Park selbst war das Fahren mit dem PKW untersagt. Es fuhr nur in halbstündigem Abstand ein Bus zum Wettkampfort. Der Weg zu Fuß war unter einer halben Stunde nicht zu bewältigen. Die Pferde mußten auf Reitwegen querbeet mit unterschiedlichstem Untergrund ähnlich wie auf Wegestrecken einer Military zum Stadion geritten werden. Ein Weg dauerte etwa eine halbe Stunde, der Hin- und Rückweg mithin eine Stunde. Wenn man am Ende des Tages zu den Plazierten gehörte, kam ein weiterer Stundenmarsch hinzu.

Die Wettkämpfe fanden vom 16.–20. 9. 1981 statt. An diesen 5 Tagen erlebten Reiter und Pferde durch die langen Anmarschwege ein Training, das der Vorbereitung von Militarypferden für den Geländeritt alle Ehre gemacht hätte. Bei guten Boden- und Wetterverhältnissen hätte man dies vielleicht sogar als angenehm empfinden können. Doch der vom zweiten Tag an einsetzende Regen brachte nicht nur den Veranstalter zur Verzweiflung. Er hinterließ bei allen Teilnehmern und Begleitern nachhaltige Erinnerungen, die bis zu Aussprüchen führten, wie: »Nie wieder nach Laxenburg«.

Wetter- und Bodenverhältnisse waren von den Organisatoren total falsch eingeschätzt worden. Man hatte auf das Wettkampfviereck in guter Absicht eine dicke Schicht Holzspäne aufgebracht. Nach dem ersten Regen zeigte sich das Ergebnis: Der Boden wurde nicht nur rutschig und tief, sondern zudem uferlos mit unberechenbaren Löchern. Auf diesem Viereck konnte man eine Dressurprüfung nicht unter regulären Bedingungen abhalten. Die von den Teilnehmern und auch von mir geäußerten Bedenken wurden mit zum Teil recht unfreundlichen Bemerkungen abgetan. Es half nichts. Und zum Kneifen waren wir nicht nach Laxenburg gefahren.

Die Intermédiaire II als Einlaufprüfung für die große Tour gestaltete sich zu der von uns vorausgesagten Schlammschlacht. Ich habe in meiner reiterlichen Laufbahn noch in keiner Dressurprüfung so viele unsicher und verängstigt gehende Dressurpferde gesehen. Jedem echten Pferdefreund mußte dieser Anblick weh tun. Die Tücken, denen die Pferde ausgesetzt waren, bestanden insbesondere darin, daß sie vorher nicht genau sehen konnten, wo die Löcher und tiefen Stellen lagen; denn nach jedem Ritt wurde der Hufschlag optisch wieder glatt geharkt. Nach der ersten Runde kamen die Löcher dann erneut zum Vorschein. Empfindsame Pferde weigerten sich beim zweiten Mal hineinzutreten und versuchten, die Löcher zu umgehen oder zu überspringen. Nur Pferde mit großen Hufen und nahezu eisernem Trittvermögen konnten diese Prüfung bestehen.

Das Ergebnis der Intermédiaire II brachte zwar mit Gabriela Grillo auf Galapagos vor der von mir gerittenen Amantiado und Tilmann Meyer zu Erpen auf Tristan einen dreifachen deutschen Erfolg. Glücklich war jedoch keiner von uns. Der Veranstalter hatte den Ernst der Lage erkannt. Über Nacht wurde der Boden des Dressurvierecks nahezu abgetragen. Durch das Anlegen von Abflußgräben und Abpumpen des Wassers bemühte man sich um eine Verbesserung. Doch die unablässig andauernden Regenschauer machten alle Bemühungen zunichte. Der Untergrund war in der kurzen Zeit bis zum Grand Prix nicht mehr reparabel.

Der Grand Prix von Laxenburg um die Mannschaftswertung der Europameisterschaft 1981 verleitete die Teilnehmer zu unreiterlichem Verhalten gegenüber ihren Pferden. Niemand würde normalerweise auf die Idee kommen, ein Pferd im starken Trab durch eine Diagonale

Abb. 47. Europameisterschaften 1981 in Laxenburg im Schlamm. Das linke Vorderbein tritt bis zum Fesselkopf durch. Wer hier ohne Taktfehler gehen sollte, mußte Beine aus Eisen haben.

Abb. 48. Aufgewühlt wie ein Sturzacker war der Untergrund bei der Siegerehrung der Mannschaftswertung. Von links nach rechts: Dr. Uwe Schulten-Baumer auf Madras, Gabriela Grillo auf Galapagos und Ahlerich. Dahinter die Schweizer Silbermedaillen-Mannschaft.

mit tiefen Löchern zu reiten. Niemand würde auf die Idee kommen, sich ein Wasserloch zum Piaffieren auszusuchen oder ausgerechnet dort eine Galopp-Pirouette anzulegen. Viele Reiter versuchten die schlimmsten Bodenunebenheiten zu umreiten und dann die geforderte Übung nicht unbedingt an den in der Aufgabe vorgeschriebenen Punkten auszuführen. Die Richter kamen dadurch zusätzlich in Schwierigkeiten; denn sie mußten beurteilen, was sie sahen.

Für Ahlerich und mich waren die langen Anmarschwege in Laxenburg kein Problem. Claudia Rosner packte Ahlerich in eine große Regendecke ein. Dann ging es querbeet, möglichst viel durch den Wald, der den Regen doch etwas abfing.

Ahlerich gehört jedoch nicht zu den Pferden, die man als bodenunempfindlich bezeichnen kann. Im Gegenteil: Er ist viel zu intelligent, um sich etwas vormachen zu lassen. Wenn er spürt, daß der Untergrund nicht in Ordnung ist, wird er vorsichtig und umgeht oder überspringt entsprechende Hindernisse. Ich mache kein Hehl daraus, daß mir der Start in Laxenburg auf Ahlerich sehr schwergefallen ist. Ich hatte Sorge, daß er einen ernsthaften Knacks davontragen könnte, wenn ich ihn unter diesen Wetter- und Bodenverhältnissen voll ausreiten würde. Ich habe das nicht riskiert und den Grand Prix nur auf Sicherheit angelegt. Das Ergebnis fiel entsprechend aus. Ich wurde Fünfter und hatte innerhalb der Mannschaft, die aus Gabriela Grillo auf Galapagos, Uwe Schulten-Baumer auf Madras und mir auf Ahlerich bestand, das schlechteste Ergebnis aufzuweisen. Wir gewannen die Mannschafts-wertung mit fast 500 Punkten Vorsprung vor der Schweiz und den Russen. Wir freuten uns auch über den Erfolg. Doch in den naß gewordenen Stallzelten bei den Pflegern und Pferden kam nicht die Freude früherer Siege auf. Jeder von uns war von der Sorge beseelt: Hoffentlich wird bis morgen zum Grand Prix das Wetter besser.

Ein wenig besserte sich das Wetter über Nacht tatsächlich. An den Bodenverhältnissen war aber nicht mehr viel zu ändern. Die Leistungen fielen entsprechend aus. Christine Stückelber-ger, die auf Granat im Grand Prix die höchste Punktzahl erreicht hatte, kam auf der Mittellinie bei den Einer-Wechseln zwischen den beiden Pirouetten so sehr ins Schleudern, daß sie im Linksgalopp zu einer Rechtspirouette ansetzte. Das konnte nicht gutgehen. Es lag in der Luft, daß sie unter diesen Verhältnissen geschlagen werden konnte. Meinem Reiterkameraden Uwe Schulten-Baumer auf Madras blieb es vorbehalten, dies fertigzubrin-gen. Er wurde zum ersten Mal in seiner Laufbahn Europameister der Dressurreiter in der Einzelwertung. Hinter Christine Stückelberger auf Granat wurde Gabriela Grillo auf Galapagos Dritte. Ahlerich errang den undankbaren vierten Platz und war damit der Verlierer dieser Meisterschaft.

Nach außen gab es dafür keine Entschuldigung. Die schlechten Bedingungen hatten alle Teilnehmer getroffen. Der vierte Platz von Laxenburg war eine Niederlage. Daran gab es kein Vorbeireden.

Der Sport geht weiter in Berlin

Ich habe in meiner Reiterlaufbahn gelernt, mit Siegen und mit Niederlagen zu leben. Für mich selbst wußte ich, daß Ahlerich in Laxenburg unter Wert geschlagen worden war. Es ging jetzt darum, diesen Eindruck möglichst rasch vergessen zu machen. Im nächsten Jahr stand die Weltmeisterschaft auf dem Programm. Ich war nach Laxenburg die Nummer Drei in Deutschland. Um das auszubügeln, beschloß ich, anstelle einer Winterruhe im November und Dezember die Hallenturniere in Berlin und Zuidlaren zu besuchen. Wenn ich Ahlerich dort möglichst gut vorstellte, würde dies dazu beitragen, eine günstige Ausgangsposition für die nächste Meisterschaft zurückzugewinnen.

Gesundheitlich hatte Ahlerich Laxenburg gut überstanden. Also konnte ich mich ruhigen Gewissens für eine Verlängerung der Saison bis zum Jahresende entscheiden. Es kam in der Deutschlandhalle in Berlin im November zu einem Zusammentreffen mit dem neuen Europameister Dr. Uwe Schulten-Baumer. Der brachte allerdings aus verständlichen Gründen nicht sein Europameisterschaftspferd Madras, sondern Slibovitz mit, auf dem er in der Sommersaison ohnehin die größeren Erfolge gehabt hatte. Ahlerich verlor das Duell zweimal knapp. Er wurde mit 1957 Punkten hinter Dr. Uwe Schulten-Baumer auf Slibovitz Zweiter im Grand Prix. Im Grand Prix Special wurde er nur um 3 Punkte von Slibovitz geschlagen. Slibovitz erhielt 1422 Punkte und dreimal die Platzziffer 1. Ahlerich erhielt 1419 Punkte und zweimal die Platzziffer 1. Für ein erstes Zusammentreffen mit dem neuen Europameister war dies aus unserer Sicht ein recht guter Erfolg, zumal beide Pferde hohe Punktzahlen erreichten.

In Zuidlaren vor Galapagos und Amon

Im Dezember 1981 kam es in Zuidlaren in Holland international zu einem Kräftemessen zwischen Ahlerich, der Bronzemedaillengewinnerin von Laxenburg Gabriela Grillo auf Galapagos und Annemarie Sanders-Keyzer auf Amon, dem drei Jahre älteren Vollbruder von Ahlerich und erfolgreichsten Dressurpferd aus Holland in dieser Zeit. Das war für mich fast noch wichtiger als der Start in Berlin. In Zuidlaren entschied eine internationale Richtergruppe. Sie setzte Ahlerich sowohl im Grand Prix als auch im Grand Prix Special auf Platz 1, und zwar jeweils vor Galapagos und Amon. Damit hatte Ahlerich einen Teil seines Ansehens zurückgewonnen.

Mit 15 Siegen, davon 10 Einzelsiege im Grand Prix/Grand Prix Special, beendete Ahlerich im Dezember 1981 seine nach der Zahl der Grand Prix-Siege bis dahin erfolgreichste Saison, auch wenn der ganz große Erfolg versagt blieb. Immerhin war bis zum Jahresende der Anschluß an die Spitze wiederhergestellt. Jetzt kam es darauf an, die richtige Strategie für das Weltmeisterschaftsjahr 1982 auszudenken und dieses Ziel mit der richtigen Vorbereitung anzusteuern.

Ahlerichs Erfolge 1981

Münster 15.−18. 1.	1. S-Dressur
Bremen 11.−15. 2.	2. Intermédiaire II
	1. Grand Prix
	1. Großer Bremer Dressurpreis
Dortmund 18.−22. 3.	2. Kür
	2. Grand Prix
	1. Grand Prix Special
Essen 8.−10. 5.	1. Grand Prix
	1. Grand Prix Special
Goodwood 29.−31. 5.	3. Grand Prix
	1. Grand Prix Special
Aachen 23.−28. 6.	3. Grand Prix
	1. Grand Prix Mannschaft
	1. Grand Prix Special
Berlin 24.−26. 7.	2. Grand Prix
	1. Grand Prix Special
Rotterdam 19.−23. 8.	7. Grand Prix
München 9.−13. 9.	1. Grand Prix
	3. Grand Prix Special
Laxenburg 17.−20. 9.	5. Grand Prix
	1. Grand Prix Mannschaft
	4. Grand Prix Special
Berlin 18.−22. 11.	1. S-Dressur
	2. Grand Prix
	2. Grand Prix Special
Zuidlaren 8.−12. 12.	1. Grand Prix
	1. Grand Prix Special

Deutscher Meister
Europameister Mannschaft

Das Weltmeisterschaftsjahr 1982

Unveränderte Strategie

Wie ich 1981 Europameister werden wollte, habe ich bereits beschrieben. Die Strategie war bis auf den Fehlstart in Rotterdam richtig gewesen. Daran gab es auch für künftige Championate nichts Grundlegendes zu ändern. Die Ausbildung von Ahlerich bis zum Grand Prix war abgeschlossen. Vier Jahre zum Sammeln von Erfahrungen im Grand Prix des In- und Auslandes lagen hinter uns. In dieser Zeit konnte ich mit Ahlerich von 1978 bis 1981 insgesamt 34 Grand Prix/Grand Prix Special einschließlich Mannschaftsprüfungen gewinnen.

Gesundheitlich hatte Ahlerich in den letzten beiden Jahren voll durchgehalten. Die Zeiteinteilung von Training, Ruhezeiten und Turnierstarts hatte sich vorbildlich eingespielt. Ahlerich war zu einem Athleten ausgereift, der dank der liebevollen Betreuung von Claudia Rosner in Putz und Glanz kaum zu übertreffen war. Jetzt war für das Jahr der Weltmeisterschaft 1982 vor allem ich selbst gefordert. Mein Pferd brachte alle Voraussetzungen für einen ganz großen Weltmeisterschaftskampf mit. Es lag nun an mir, diese erfolgreich umzusetzen.

Münster, Bremen, Dortmund – diesen seit Jahrzehnten erprobten Turnierrhythmus von Januar bis März wollte und konnte ich auch im Weltmeisterschaftsjahr 1982 nicht ändern. Ich verschweige nicht, daß ich nach Zuidlaren im Dezember das Januar-Turnier in der Halle Münsterland mit Ahlerich gerne ausgelassen hätte. Aber die Schlagzeilen für diesen Fall, etwa wie: »Was ist mit Ahlerich?« oder: »Ahlerich nach anstrengender Saison 1981 erkrankt?« hätten gewiß mehr Schaden angerichtet als ein Routinestart in Münster mit einem Minimum an Vorbereitung.

Der Pferdefuß lag darin, daß ein schlechter Ahlerich zum Jahresanfang genausowenig in ein Erfolgskonzept paßte. Das bedeutete für mich, gute Nerven zu bewahren und auf meine Erfahrung zu vertrauen. So wurde Münster mit Bravour überstanden. »Ahlerich erneut nicht zu schlagen«, lautete die Schlagzeile in der Münsteraner Presse nach dem Januar-Turnier in der Halle Münsterland.

Bremen wurde schwerer. Hier konnte ich mich nach den Erfahrungen des vergangenen Jahres in der Intermédiaire II nicht in erster Linie auf meine Routine verlassen. Ich mußte nach Möglichkeit durch eine gute Leistung sowohl im Grand Prix als auch im Grand Prix Special auf Ahlerich aufmerksam machen. Den Eindruck eines Pferdes mit zwei Gesichtern durfte ich gar nicht erst wieder aufkommen lassen. Wie konnte ich das erreichen? – Ich hatte 1974 vor einer ähnlichen Situation gestanden. Damals bereitete ich mich mit Mehmed auf die Weltmeisterschaft der Dressurreiter in Kopenhagen vor. Das Ziel war: möglichst früh durch gute Leistungen ins Gespräch kommen und sich nicht verstecken. Mit Mehmed gewann ich Ende Januar 1974 in der Deutschlandhalle in Berlin den Grand Prix mit sicherem Vorsprung. Das war der Grundstein für den späteren Erfolg in Kopenhagen, denn die gesamte Fachpresse lobte Mehmeds hervorragende Frühform.

Ähnliches wünschte ich mir für das Turnier in Bremen. Ahlerich sollte dort glänzen. Ich wollte durch gute Leistungen auf mich aufmerksam machen. Sofort nach Münster wurde daher das Training für Bremen fortgesetzt. Im Büro bat ich meine Mitarbeiter um Verständnis, zumal ich neben Ahlerich noch Amantiado und Pascal für Bremen vorzubereiten hatte.

Der Erfolg in Bremen war überwältigend. Nach zwei Doppelsiegen in der kleinen Tour mit Amantiado und Pascal gewann Ahlerich sowohl den Grand Prix als auch den Grand Prix Special. Dort fiel der Vorsprung mit 1 472 und 1 411 Punkten gegenüber Galapagos unter Gabriela Grillo und Uwe Schulten-Baumer auf Slibovitz (1 378) noch deutlicher aus als in Berlin und Zuidlaren.

Reiner Klimke begeisterte 4000 Besucher

Rekordkulisse bei der Dressur-Matinee/Gabriela Grillo beeindruckte mit zweitem Platz

Mit einer erneuten Glanzleistung begeisterte Dr. Reiner Klimke auf Ahlerich. Das Paar, tags zuvor Sieger im »Grand Prix de Dressage«, holte sich auch hier mit 1 472 Wertungspunkten in souveräner Manier den Sieg! Sieht man einmal von einer kaum wahrnehmbaren Unregelmäßigkeit bei der Piaffe ab, durfte die Vorstellung als fehlerlos bezeichnet werden! Die Höhepunkte: flüssige Übergänge von einer Lektion in die andere, der aus starker Versammlung heraus entwickelte schwungvolle Trab und die 15 Galoppwechsel, eine der schwierigsten Lektionen der Olympiaaufgabe, die der elfjährige braune Ahlerich exakt und fehlerfrei ausführte.

Ein mutiger »Vorwärtsritt« auf ihrem zwölfjährigen Spitzenpferd Galapagos sicherte Gabriela Grillo den zweiten Platz in dieser Prüfung.

Mit einer Gesamtpunktzahl von 1 378 belegte Dr. Uwe Schulten-Baumer aus Mettingen mit dem 13jährigen Slibovitz den dritten Platz. Man sah von Slibovitz hervorragend ausgeführte Traversalen und Pirouetten. Viel Beifall erhielt die junge Monica Theodorescu nach ihrem Ritt auf dem zehnjährigen Schimmel Colorado. Für das Paar gaben die Richter 1 366 Punkte, die zum vierten Platz vor dem Belgier Jean Bemelmans auf Angelino (1 346) reichten.

Als nächstes kam Dortmund vor internationaler Richterkulisse. Dazwischen lag nach Bremen ein Monat Pause, und so ergab sich für die Vorbereitung das bewährte Konzept der Vorjahre. Nur ging es mir darum, noch mehr Risiken auszuschalten und Ahlerich auch hier in einer überzeugenden Frühform vorzustellen. Im Training ritt ich Ahlerich nun durchgehend selbst, um ganz mit ihm vertraut zu bleiben. Wir kannten uns inzwischen so genau, daß er sehr wohl spürte, was auf dem Programm stand. Er mag sich gewundert haben, daß sein Reiter sich so intensiv selber mit ihm beschäftigte. Übel nahm er dies nicht, denn ich ging trotz aller Ernsthaftigkeit immer wieder auf die Eigenarten meines treuen Pferdekameraden ein. Er wollte lange genug gelöst werden. Er erwartete, daß der Reiter ihm in der Reitbahn an der Tür zum offenen Reitplatz gewisse Freiheiten erlaubte. Und er benahm sich empfindlich, wenn der Reiter im Verlauf der Ausbildungsstunde zu früh versammelnde Übungen verlangte. Ein gereizter Ahlerich aber war zur Verspannung stets bereit. Ich wußte das und stellte mich darauf ein. In der Vorbereitung für Dortmund zahlte sich dies aus. Es gab keinen Streit. Pferd und Reiter wuchsen zu einer Einheit zusammen, die eigentlich zum Erfolg führen mußte.

Ahlerich in Dortmund unangefochten

Dieser Erfolg fiel noch überzeugender aus als erwartet. Mit 48 Punkten Vorsprung gewann Ahlerich den Grand Prix vor Galapagos unter Gabriela Grillo und Slibovitz unter Uwe Schulten-Baumer. Mit 1 768 Punkten erzielten wir ein Ergebnis, das wir zuvor in Dortmund noch nicht erreicht hatten. Im Grand Prix Special fiel der Sieg mit 1 425 zu 1 396 Punkten (Galapagos) ebenso deutlich aus. Damit war Ahlerich der König der Hallensaison 1982. Er hatte keine einzige Dressurprüfung verloren. In einem Zeitungsinterview erklärte unser Bundestrainer Harry Boldt: »Ahlerichs bestechende Form kann den Richtern für die WM 1982 nicht verborgen bleiben.« Genau darauf hatte ich meine Vorbereitung ausgerichtet. Ahlerich sollte sehr früh in ein positives Gespräch kommen. Das gab Sicherheit und Ruhe für die Freiluftsaison, ähnlich wie 1974, als ich mit Mehmed auf die Weltmeisterschaft zusteuerte.

Trainingspause nach der Hallensaison

Jetzt hatte Ahlerich eine Trainingspause verdient. Er konnte in Ruhe den Frühjahrshaarwechsel durchmachen. Ich stand nicht mehr unter Startzwang. Bis Ostern vertraute ich ihn meiner Frau an. Sie verwöhnte ihn und gab ihm so viel Bewegung, wie er brauchte, um sich wohl zu fühlen. Ich nutzte die Zeit im Büro. In der Freizeit beschäftigte ich mich mit Pascal, den ich im Frühjahr zum ersten Mal im Grand Prix herausbringen wollte.

Der Fahrplan für die Weltmeisterschaft im August in Lausanne führte über Wiesbaden nach Aachen. Dort sollte eine Vorentscheidung für die Mannschaftsaufstellung getroffen werden. Die endgültige Nominierung sollte Ende Juli in Niederzeuzheim erfolgen.

Das Pfingstturnier in Wiesbaden fand vom 29.–31. 5. 1982 statt. Ende April übernahm ich daher Ahlerich wieder selbst in Beritt. Er war gesundheitlich und nervlich in bester Verfassung. Die Konditionsarbeit für die Sommersaison konnte beginnen. In den ersten beiden Wochen ritt ich Ahlerich überwiegend auf der Galoppierbahn. Ich widmete mich dort auf langen Linien dem Ausdruck der Trab- und Galoppbewegungen. Nach sorgfältigem Lösen ließ ich ihn nach einer halben Parade immer wieder antreten zum Mittel- und starken Trab. Dabei trabte ich leicht, um den Rücken des Pferdes wenig zu belasten und noch mehr an Schwung und Ausdruck herauszuholen. Dann führte ich das Tempo vorsichtig zurück, saß aus und ließ ihn möglichst allein arbeiten, bis ich spürte, daß ich ihn wieder nach vorn antreten lassen konnte. Nach einer Schrittpause folgten ähnliche Reprisen im Galopp. Hier blieb ich beim Zulegen natürlich im Sattel sitzen und bemühte mich darum, den Galoppsprung nach oben zu vergrößern. Die Galopparbeit dehnte ich in der zweiten Woche bis zu einer viertel Stunde aus. Nach einer weiteren Schrittpause begab ich mich auf das Dressurviereck und ritt dort je nach Gefühl einige Lektionen aus dem Grand Prix-Programm. Einmal in der Woche ließ ich die Kandare auflegen und ritt dann nach dem Spazierenreiten nur auf dem Dressurviereck.

In der dritten Woche konzentrierte ich mich auf die Lektionen des Grand Prix. Ich ritt jetzt mehrmals auf Kandare und fühlte, wieviel Kraft mein Pferd durch die Konditionsarbeit der letzten zwei Wochen auf der Galoppierbahn hinzugewonnen hatte. Deshalb konnte ich nun auf dem Dressurviereck die Piaffe- und Passagearbeit vermehrt in Angriff nehmen. Hier zeigte sich erneut, mit welcher Freude und mit welchem Ausdruck Ahlerich gerade diese Übungen auszuführen vermag.

Vor Pfingsten fand noch das Turnier in Balve statt, wo Pascal seinen ersten Grand Prix gehen sollte. Er siegte auf Anhieb, und das war genau die richtige Einstimmung für Wiesbaden.

Drei Siege zum Auftakt in Wiesbaden

Da ich Ahlerich seit Dortmund nicht herausgebracht hatte, entschloß ich mich, ihn in Wiesbaden als Einlaufprüfung zunächst in der S-8 zu starten. Der Turnierplatz, auf dem auch die schweren Dressurprüfungen ausgetragen wurden, ist etwas unruhig. Durch die Bäume und Hindernisse gibt es genügend Gründe zur Ablenkung. Ahlerich ließ sich jedoch nicht aus dem Konzept bringen. Er gewann die Prüfung durch eine sichere Vorstellung. Es folgten zwei weitere Siege sowohl im Grand Prix als auch im Grand Prix Special mit deutlichem Punktabstand vor Gabriela Grillo, die auf Galapagos ihre gute Form seit dem Gewinn der Bronzemedaille bei der EM in Laxenburg konstant gehalten hatte. Dritter im Grand Prix wurde unser junger Pascal, der sich damit langsam in der großen Tour mit nach vorn arbeitete.

CHIO Bad Aachen – eine wichtige Vorentscheidung

Einen Monat später folgte Aachen. Dort richteten die Richter der WM. Das eröffnete jedem die Möglichkeit, sich durch gute Leistungen für die WM zu empfehlen und letzte Erkenntnisse für die Schlußvorbereitung zu gewinnen. Es beinhaltete aber auch die Gefahr, durch schlechte Leistungen oder durch einen unglücklichen Ritt Chancen zu verlieren.

Bis auf die Titelverteidigerin Christine Stückelberger auf Granat war die gesamte Elite in Aachen am Start. Christine Stückelberger vermied seit Jahren mit ihrem Granat einen direkten Vergleich mit uns auf deutschem Boden. Ausgezahlt hatte sich das nicht; denn sie hatte ihren Titel als Europameisterin sowohl 1979 in Aarhus/Dänemark gegen Sissi Theurer auf Mon Chérie als auch 1981 in Laxenburg/Österreich gegen Uwe Schulten-Baumer auf

Abb. 50. Weltmeisterschaft Lausanne 1982. Der Schritt im klaren Viertakt ist ein unverzichtba-rer Prüfstein des richtig ausgebildeten Pferdes und wird deshalb im Wettkampf mit dem Koeffizienten 2 bewertet.

Abb. 49 (links). Bis in Aachen blieb Ahlerich im Weltmeisterschaftsjahr 1982 ungeschlagen, und zwar sowohl im Grand Prix als auch im Grand Prix Special, den er hier zum dritten Mal hintereinander gewann.

Abb. 51 (links). Die letzten 60 Sekunden vor dem Ziel im Grand Prix Special. In der Linkspirouette auf der Mittellinie war die Welt noch in Ordnung. In der nachfolgenden Rechtspirouette nach 9 A-Tempo-Wechseln gab es eine kleine Unstimmigkeit.

Abb. 52 (oben). Wer siegen will, darf sich auch freuen. Die Gelöstheit des Pferdes und die Erleichterung des Reiters nach einem gelungenen Ritt sprechen für sich.

Abb. 53a und b (nächste Seite). Der beste Ahlerich, den es je gab. Los Angeles 1984. Danach strahlende Gesichter über die Goldmedaille in der Einzelwertung. Von links nach rechts: Ruth Klimke, Dr. Reiner Klimke, Ahlerich und Claudia Rosner.

Madras verloren. In Aachen entschuldigte sie sich glaubhaft mit einer Erkrankung, die sogar ihren Start in Lausanne fraglich machen konnte.

Pascal verhalf mir zu der richtigen Einstimmung. Er siegte im Grand Prix der mittleren Tour gegen Gabriela Grillo auf Ultimo und Uwe Schulten-Baumer auf seinem Europameisterschaftspferd Madras. Meine Freude darüber war so groß wie bei Ahlerichs ersten Grand Prix-Siegen. Und in einer solchen Stimmung reite ich auch besser. Beide nachfolgenden Starts auf Ahlerich wurden zu großartigen Siegen. Mit 1 759 Punkten gewann er den Grand Prix vor Gabriela Grillo auf Galapagos (1 727) und Uwe Schulten-Baumer auf Slibovitz (1 716). Das war die beste Leistung, die Ahlerich in einem Grand Prix je gezeigt hatte.

Die Favoritenstellung für den Grand Prix Special am Sonntag morgen war damit vorgegeben. Es kam für Ahlerich zu einem neuen Aachener Rekord. Er erhielt von allen 5 Richtern die Platzziffer 1 und hatte am Ende mit 1 446 Punkten zu dem Zweitplazierten Slibovitz (1 387) einen Vorsprung von über 60 Punkten.

Mit drei Grand Prix-Siegen auf Ahlerich und Pascal kehrten wir überglücklich heim. Jeder der drei Siege war wichtig und hatte Aussagekraft. In der gesamten zurückliegenden Turniersaison 1982 war Ahlerich bislang unbesiegt. Das war so überwältigend, daß einem fast bange werden konnte. Im Gegensatz zu 1981 war uns kein Fehler im Management unterlaufen. Planung und Ausführung hatten hundertprozentig geklappt. Trotz Abwesenheit der Titelverteidigerin Christine Stückelberger in Aachen traute jeder, der Ahlerich dort gesehen hatte, ihm eine reelle Chance gegen Granat bei der WM in Lausanne zu.

Nun ist Klimke mit Ahlerich wirklich großer WM-Favorit

Selbst Nyblaeus versagte seine Anerkennung nicht

Aachen (lnw/sid). Mit einem Sieg auf Ahlerich im Grand Prix Special am Sonntag gelang Dr. Reiner Klimke (Münster) bei den schwersten Dressurprüfungen des Aachener Turniers ein totaler Triumph. Sicher gewann er auch diese Prüfung mit 1 446 Punkten vor Dr. Uwe Schulten-Baumer (Mettingen) mit Slibovitz (1 387) und Gabriela Grillo (Mühlheim) mit Galapagos (1 376).

Schon am Vortag hatte der 46jährige Rechtsanwalt und Notar den Grand Prix für sich entschieden, wobei Gabriela Grillo Rang 2 und Uwe Schulten-Baumer Platz 3 belegt hatten. Dazu gewann Klimke noch den Grand Prix für Nachwuchspferde mit dem achtjährigen Fuchswallach Pascal. Er siegte also in allen Prüfungen, nach denen bei Olympischen Spielen, Welt- und Europameisterschaften die Einzel- und Mannschaftsmedaillen vergeben werden. Dabei feierte er mit Ahlerich noch zwei persönliche Jubiläen. Es war am Samstag der 40. Grand Prix-Sieg mit diesem Pferd, dem am Sonntag der zehnte in ununterbrochener Reihenfolge folgte.

Dr. Klimke war Genugtuung anzumerken. »Wenn Ahlerich bei der Weltmeisterschaft in Lausanne Ende August so geht wie hier in Aachen, muß er erst mal geschlagen werden!« Keine Frage: In der gegenwärtigen Form kommt für den Welttitel eigentlich nur der Münsteraner in Frage. 1974 war er schon einmal Weltmeister.

Selbst der schwedische Dressur-Richter Gustav Nyblaeus, der als Beobachter in Aachen weilte und bei den europäischen Titelkämpfen im vergangenen Jahr im österreichischen Laxenburg Klimke/Ahlerich »in den Keller« gewertet hatte, so daß beide nur auf Rang 4 in der Einzelwertung kamen, zollte Respekt und Anerkennung: »So wie Ahlerich vorgestellt wurde, so stelle ich mir die Dressur vor . . .«

Insgesamt unterstrichen die Leistungen der Aachener Konkurrenzen die dominierende Position der bundesdeutschen »Frackträger«. Das Trio Grillo/Klimke/Schulten-Baumer beherrschte eindeutig die Szene.

Was tut man mit einem Erfolgspferd in einer solchen Situation? – Es gab darauf nur eine Antwort: Ruhe bewahren und das Erfolgskonzept nicht ändern. Nach jedem anstrengenden Turnier bekam Ahlerich seine wohlverdiente Ruhe. Ich vertraute ihn auch diesmal meiner Frau wieder zum Verwöhnen an, zumal sich kein Anlaß gezeigt hatte, noch irgend etwas Besonderes auszubügeln. Die WM stand erst Ende August auf dem Programm. Davor lag Niederzeuzheim vom 31. 7.–1. 8. 82. Wenn ich selbst etwa 10 Tage vor Niederzeuzheim Ahlerich wieder unter meine Fittiche nehmen würde, müßte dies für Lausanne genau passend sein.

Warnung in Niederzeuzheim

Aus beruflichen Gründen konnte ich in Niederzeuzheim erst am Tag des Grand Prix anreisen. Das dortige Dressurstadion gehört zu den besten der Welt. Eine Anlage mit solch idealen Bodenverhältnissen kann nur von Idealisten mit unendlichem Fleiß errichtet werden. Ohne Argwohn ritt ich Ahlerich für den Grand Prix ab. Das Wetter war heiß. Ich wollte mein Pferd nicht müde machen. Damit verschätzte ich mich total. Ahlerich stürmte in der Prüfung im ersten Mittelgalopp davon, verpatzte den fliegenden Wechsel bei X und erlaubte sich auch sonst einige Schnitzer, von denen ich geglaubt hatte, sie seien ausgemerzt. Das Ergebnis war ein 4. Platz mit bescheidener Punktzahl. Im Grand Prix Special konnte ich mich zwar am nächsten Tag hinter Madras unter Uwe Schulten-Baumer wieder bis auf den 2. Platz vorarbeiten. Aber die große Ausstrahlung gelang nicht. Ahlerich zeigte einmal mehr seinen Übermut. Die Presse reagierte prompt mit Überschriften wie: »Klimke ist seine Favoritenrolle los«.

   Nun gut, das war passiert. Zu ändern war es ohnehin nicht mehr. Ich hatte einen Denkzettel bekommen und eine Warnung zugleich. Bis zur WM in Lausanne standen mir noch knapp vier Wochen Zeit zur Verfügung, um die in Niederzeuzheim begonnene Schlußvorbereitung abzuschließen. Ich ließ mich in Münster von meinen Freunden abschirmen und arbeitete mit Ahlerich jeden Tag etwa ein bis zwei Stunden. Dabei legte ich Wert darauf, möglichst viel in seiner Nähe zu bleiben und neben Claudia Rosner sein nächster Vertrauter zu sein. Die Übermütigkeiten von Niederzeuzheim trug ich ihm nicht nach. Ein Nachexerzieren zu Hause, womöglich mit Strafen, hätte allenfalls weitere Abwehrreaktionen ausgelöst. Wer Ahlerich in Lausanne zu einer Höchstleistung bringen wollte, mußte auf ihn eingehen, ihn genügend beschäftigen und seine Ausstrahlungskraft wecken. Nur darauf konzentrierte ich mich bis zur Abfahrt nach Lausanne. Dazu wechselte ich wie vor Wiesbaden zwischen Galoppierbahn und Dressurviereck. Zusätzlich nutzte ich die Stoppelfelder im Umkreis unserer Reitanlage zu ausgedehnten Spazierritten.

Die Weltmeisterschaft 1982 in Lausanne

Eine Rekordbeteiligung von 17 Nationen gab dieser Weltmeisterschaft ihr Gepräge. In der heimischen Schweiz galt Christine Stückelberger auf ihrem legendären Granat natürlich als Favoritin. Europameister Uwe Schulten-Baumer auf Madras, der in Niederzeuzheim rechtzeitig zu großer Form aufgelaufen war, wurde als Anwärter auf den Titel ebenso gehandelt wie Galapagos und Ahlerich. Für Granat sprach ein psychologisches Argument. Aus der Umgebung von Christine Stückelberger wurde verkündet, daß Lausanne der letzte Start von Granat sein sollte. Prompt griff die Presse dies auf und wünschte Granat einen Abtritt als Weltmeister. Welcher Pferdefreund wünschte dem Weltmeister von 1978 und Olympiasieger von 1976 dies nicht? – Doch die Leistung im Wettkampf mußte die Entscheidung bringen und nichts anderes.

Taktisches Vorgeplänkel nach der Intermédiaire II

In Lausanne erlebten wir einige Merkwürdigkeiten. Die begannen damit, daß alle Pferde in verhältnismäßig engen Zelten untergebracht wurden mit Ausnahme von Granat. Für ihn war in der Reitanlage von Lausanne eine große Boxe bereitgestellt. Dann erfuhren wir bei der Mannschaftsbesprechung von einer Änderung des Dressurreglements der FEI, beschlossen nicht von der Generalversammlung, sondern vom Dressurkomitee. Die Änderung bestand darin, daß nunmehr auch Pferde, die aufgrund ihrer Erfolge in der Intermédiaire II nicht mehr startberechtigt waren, im Anschluß an diese Prüfung vor den Augen aller Richter zur Eingewöhnung ebenfalls die Aufgabe auf dem Wettkampfviereck ohne Wertung reiten durften. Da dies ausschließlich Granat und die deutschen Pferde Madras und Ahlerich betraf, munkelte man von einer »Lex Granat«; denn Granat war international lange nicht mehr gestartet und brauchte Wettkampfroutine.

Im deutschen Lager war man sich nicht klar, wie man sich verhalten sollte. Die einen sprachen sich gegen die Chance aus, im Anschluß an die Intermédiaire II das Viereck benutzen zu können, um damit Granat leerlaufen zu lassen. Ich selbst war anderer Ansicht und bat darum, meinen Ahlerich ebenso wie Granat auf dem Viereck reiten zu dürfen. Ich versprach mir einiges davon, ohne mich näher darüber zu äußern. Mein Plan bestand darin, dem nicht gerade schüchternen Trainer von Christine Stückelberger, Georg Wahl, einen strahlenden Ahlerich zu zeigen, an dem er seine Freude haben sollte. Es kam hinzu, daß durch das Losglück Granat vor Ahlerich reiten mußte. Das war für mich eine große Chance.

Natürlich will auf einer WM jeder potentielle Sieger gewinnen. Herrn Wahls Einstellung kannte ich aus früheren Begegnungen. Deshalb mußte ich mich darauf gefaßt machen, daß er bei meinem Ritt nach Granat mit wenig freundlichen Kommentaren zur Stelle sein würde. Diese Herausforderung nahm ich an. Ich hörte von meinen Freunden, daß Granat vor mir gut gegangen war. Im Training hatte ich allerdings mit eigenen Augen gesehen, daß Granat im Trab dem Alter mit nunmehr 17 Jahren doch Tribut hatte zollen müssen. Dem wollte ich einen Kontrapunkt entgegensetzen durch einen schwungvoll und elastisch trabenden, strahlenden Ahlerich. Ich konzentrierte mich beim Abreiten nur auf die Trabtour. Alles

Abb. 54. Taktisches Vorgeplänkel bei der Weltmeisterschaft 1982 in Lausanne. Zwar im Frack und Zylinder, aber mit Gamaschen und Bandagen durften Granat und Ahlerich nach der Intermédiaire II auf das Wettkampfviereck.

andere interessierte mich an diesem Tag nicht. Auf dem Viereck gelang mir dann auch eine Trabvorführung, in der die jugendliche Frische von Ahlerich brillierte. Ich beendete nach der Trabtour die Vorführung, grüßte und verließ das Viereck. Die Zuschauer waren zum Teil sprachlos, zum Teil ratlos. Pfiffe und Beifall begleiteten mich beim Ausritt. Ich selbst lächelte und hörte beim Hinausreiten einen Amerikaner sagen: »Clever boy.« Der hatte meine Taktik verstanden. Es blieb alles offen. Ein echter Vergleich zwischen Granat und Ahlerich in einer Gesamtaufgabe hatte nicht stattgefunden. Die Neider draußen konnten noch soviel schimpfen, das Reglement schrieb nicht vor, daß die ausgesiegten Grand Prix-Pferde bei der Viereckprobe im Anschluß an die Intermédiaire II die ganze Aufgabe zu absolvieren hatten.

Granat im Grand Prix an der Spitze

Im Grand Prix um die Mannschaftswertung der WM mußten die Karten am nächsten Tag offengelegt werden. Das Versteckspiel war beendet. Jetzt entschied nur noch die Leistung darüber, wer im Grand Prix der Beste war. 44 Teilnehmer aus 15 Nationen stellten sich den Richtern in einer wahren Marathonprüfung, die über 10 Stunden lang dauerte. Für die Zuschauer und alle Beteiligten war dies eine Strapaze. So sehr die in den letzten Jahren von

Meisterschaft zu Meisterschaft gestiegenen Starterzahlen zu begrüßen sein mochten, der Organisation bereiteten sie Schwierigkeiten. Es wurde zu Recht die Forderung erhoben, den Mannschaftswettkampf im Grand Prix auf zwei Tage auszudehnen, wenn eine bestimmte Starterzahl erreicht wird. Von meinen Mannschaftskameraden hatte Gabriela Grillo mit Galapagos ein Los für den frühen Morgen gezogen. Das brachte ihr Glück. Mit einer schwungvollen Vorstellung mit besonderen Höhepunkten in den Trabverstärkungen erreichte sie eine Gesamtpunktzahl von 1 691, was für uns ein beruhigender Auftakt war. In der Endabrechnung bedeutete dies für Gabriela Grillo die dritthöchste Tageswertung.

An zweiter Stelle in der deutschen Mannschaft ritt Uwe Schulten-Baumer auf Madras. Er war über Niederzeuzheim rechtzeitig wieder in Hochform gekommen. Seine Vorstellung zeichnete sich durch Sicherheit aus, ließ aber etwas den ganz großen Schwung vermissen. In der Bewertung der Richter spiegelte sich das durch die Punktzahl von 1 659 wieder, was am Ende den 4. Platz bedeutete.

Ich registrierte dies genau, bevor ich mich selbst zum Abreiten fertigmachte. »Du mußt etwas riskieren«, sagte ich mir, »sonst reicht es nicht.« Ahlerich kannte das Dressurstadion vom Vortag her. Er war seit der Ankunft in Lausanne innerlich ausgeglichen und in bester Verfassung.

Das Abreiten verlief ohne besondere Vorkommnisse in dem seit Jahren eingespielten Rhythmus: erst auf Trense lösen und warm arbeiten; dann Pause und Kandare auflegen; dann der letzte Schliff bis zum Startaufruf. Als der Reiter vor mir mit seiner Vorstellung begann, kontrollierte Claudia Rosner noch einmal die Zäumung und nahm die Bandagen ab. Jetzt war ich auf mich allein gestellt. Ich ließ Ahlerich ein paar Mal zu Verstärkungen antreten und merkte mir das Maß. Wenn er drinnen in der Prüfung so antreten würde, konnte ich zufrieden sein.

Wir durften vor dem Einritt einmal um das Wettkampfviereck reiten. Das machte ich innerlich bereits zum Bestandteil meines Vortrages. Ich ließ Ahlerich nach kurzem Aufnehmen voll losmarschieren, so daß ein Raunen im Publikum vernehmbar wurde. »Jetzt passen sie alle auf«, dachte ich, klopfte Ahlerich zur Belohnung kurz an den Hals und ritt ein. Für den ersten Mittelgalopp brauchte ich die meisten Nerven. Ich ritt gleich aus der Ecke heraus in vollem Tempo in die Diagonale und beschäftigte dadurch für Sekunden meinen Ahlerich so sehr, daß ich im Nu beim Punkt X ankam, wo der fliegende Wechsel auszuführen war. Ehe Ahlerich mir zuvorkommen konnte, nahm ich beide Zügel fest an, machte mich schwer und ließ mein Pferd im Ansatz der Parade umspringen. Loslassen mochte ich ihn erst ein paar Galoppsprünge später, als der Gefahrenpunkt vorbei war und Ahlerich vor Erreichen der Ecke von selbst langsamer wurde. Ich konnte vor Erleichterung lächeln und war mir meiner Sache von nun an sicher. Die folgenden Lektionen gelangen mit Ausdruck und Präzision. Lediglich beim Übergang von der Passage in den Linksgalopp gab es ein kurzes Zucken mit dem inneren Hinterfuß, weil ich für einen Augenblick den Sporn zu stark gebraucht hatte. Die Galopp-Tour verlief ebenso sicher wie die Trab-Tour. Zum letzten starken Galopp vor den Schlußfiguren auf der Mittellinie riskierte ich noch einmal volles Tempo. Doch dann kam für Sekunden eine Unsicherheit auf: Ahlerich wollte vor dem Rückwärtsrichten nach der Parade aus dem Galopp nicht halten, sondern bot die Piaffe an. Das hatte er lange nicht mehr gemacht. Ich versuchte, ruhig zu bleiben, saß still und sprach leise: »Brav, brav.« Diesen Laut kannte Ahlerich als Kommando zum Halten. Daß er ihm folgen würde, konnte ich mir nur

Abb. 56 (oben). Ein vorbildlicher Übergang von der Piaffe zur Passage.

Abb. 55 (links). Im Grand Prix gelang die Rechtspirouette in guter Stellung und Biegung.

innigst wünschen. Es dauerte leider einige Tritte, bis Ahlerich anhielt. Immerhin tat er dies und beendete die Prüfung mit einer ausdrucksvollen abschließenden Piaffe- und Passage-Tour.

Der Schwung und die Ausstrahlung der Vorführung wurde von den Richtern belohnt. Ahlerich erhielt 1 724 Punkte und von allen 5 Richtern im Gesamtergebnis die Platzziffer 2. Er wurde an diesem Tag nur von Christine Stückelberger auf Granat übertroffen, der kurz hinter Ahlerich startete und ohne Lektionenfehler durchkam. Mit 1 740 Punkten gewann er die Prüfung mit 16 Punkten Vorsprung vor Ahlerich. Wir siegten in der Mannschaftswertung mit 5 074 Punkten vor der Schweiz (4 676) und Dänemark (4 562). Das war Grund genug zur Freude.

Abb. 57. Die siegreiche WM-Mannschaft. Von links nach rechts: Dr. Uwe Schulten-Baumer auf Madras,
Gabriela Grillo auf Galapagos, Ahlerich und Equipe-Chef Anton Fischer.

Die Marschroute für den Grand Prix Special

Ich selbst hatte mir eine hervorragende Ausgangsposition für den nächsten Tag erkämpft. Mit
einem Rückstand von 16 Punkten zu Granat konnte ich gut leben; denn Granat war sauber
gegangen, und ich hatte auf der Mittellinie durch das schlechte Halten vor dem Rückwärtsrichten mindestens diese 16 Punkte eingebüßt.

Wir warteten gespannt auf die Auslosung für den Grand Prix Special. Sie verlief für uns
nicht unbedingt günstig. Unser Einzelreiter Herbert Krug auf Muscadeur mußte anfangen.
Granat startete im ersten Drittel. Dahinter kamen in der zweiten Hälfte Madras und
Galapagos. Als letzter Starter wurde Ahlerich ausgelost. 17.23 Uhr war meine Startzeit als
letzter Reiter im WM-Finale. Das versprach einen Wettkampf voller Spannung, wenn die
Spitzenpferde der Mannschaftsprüfung auch in der Einzelentscheidung gut gehen würden.

Am Abend feierten wir im Hotel den Mannschaftssieg in der Weltmeisterschaft nur kurz.
Jeder von uns hatte am nächsten Tag Medaillenchancen in der Einzelwertung. Ein langer,
aufregender Schlußtag wartete auf uns, der morgens bereits um 8.00 Uhr mit der Dressur-Kür
begann und sich am späten Nachmittag bis 18.00 Uhr hinziehen würde. Wir waren mit unseren
Gedanken schon beim Grand Prix Special. Jeder legte sich seinen Plan für die Vorbereitung

fest. Deshalb verabschiedete man sich rasch nach dem gemeinsamen Mannschaftsessen und zog sich zurück.

Ich besprach meine Zeiteinteilung mit Liselott Rheinberger, der ich in meiner Laufbahn so manchen Rat zu verdanken habe und die meine Stimmung wie niemand anders kannte. Wir kamen überein, daß ich morgens zur Kür nicht hinausfahren sollte. Wir wollten uns erst am späten Vormittag am Stall treffen, das Abreiten festlegen und dann die Stimmung im Stadion schnuppern.

Es hatte am Abend nach der Siegerehrung des Grand Prix in Strömen geregnet. Das Wasser lief teilweise bis in die Stallzelte. Mein Freund Johann Hinnemann, der als Bundestrainer die kanadische Mannschaft betreute, hatte für seine Schützlinge Boxen in einem festen Stallgebäude besorgt. Spontan bot er mir an, Ahlerich dort für die Nacht bis zum Sonntag unterzubringen und dafür eine Boxe seiner Mannschaft freizumachen. So viel Hilfsbereitschaft mußte mir eigentlich Glück bringen.

Ahlerich wird Weltmeister

Der lange Sonntag zehrte auch an meinen Nerven. Ausgeschlafen fuhr ich mit meiner Frau am späten Vormittag ins Stadion. Claudia Rosner meldete: »Ali geht es gut.« Gabriela Grillo freute sich riesig. Sie hatte gerade mit Ultimo ganz überlegen die Kür mit Musik gewonnen. Und überall, wo wir hinschauten, trafen wir Freunde, die uns Glück wünschten.

Aus diesem Trubel mußte ich heraus. Ich bat meine Frau, mich allein zu lassen, und wir verabredeten uns zum Abreiten am Stall gegen 15.00 Uhr. Um ganz für mich allein zu sein, kletterte ich in unseren Pferdetransporter und legte mich in die Fahrerkabine. Hier konnte mich niemand stören. Zunächst versuchte ich zu schlafen. Das gelang nur zum Teil. Dann ging ich in Gedanken mehrmals die Aufgabe des Grand Prix Special durch, überlegte mir die Fehlerquellen und wie ich sie verhindern konnte. Trotzdem schritt die Zeit nur langsam fort.

Als um 15.00 Uhr der Wettkampf begann, begab ich mich zum Stall, wo wir uns verabredet hatten. Die Abreitevierecke draußen waren naß und tief geworden. Wir konnten den Stallmeister in der Reitanlage dazu überreden, uns in der gedeckten Reithalle abreiten zu lassen. Von nun an befanden wir uns in dem vertrauten Vorbereitungsfahrplan, der mit dem Abreiten auf Trense begann. Claudia Rosner war wie immer äußerlich ruhig und hatte Ahlerich auf Hochglanz gebracht. Ich bedankte mich mit ein paar aufmunternden Worten, um die Stimmung in Bewegung zu bringen.

Meine Zuversicht übertrug sich auf Ahlerich. Was ich in dem großen Spiegel in der Reitbahn sehen konnte, stimmte mit meinem Gefühl im Sattel überein. Unser Bundestrainer Harry Boldt beobachtete die Arbeit, gab ein paar Ratschläge und wirkte sehr beruhigend. Gegen 16.00 Uhr kehrten wir in den Stall zurück. Harry Boldt kümmerte sich um die anderen Kameraden. Meine Frau beobachtete die Konkurrenz.

Ich wartete am Stall, bis das Ergebnis von Granat herauskam: 1376 Punkte. Aus dem Stadion klang verständlicherweise großer Jubel herüber. Christine Stückelberger und Granat mußten gut gewesen sein. Kurz darauf kam meine Frau und schwächte etwas ab. »Granat hatte Fehler in den Galoppwechseln, du kannst es schaffen«, sagte sie. Gegen 16.30 Uhr ritt ich los zum Vorbereitungsviereck am Dressurstadion. Uwe Schulten-Baumer kam mir auf

Madras etwas betrübt entgegen. Er hatte 1 351 Punkte erzielt und lag damit hinter Granat. Nun folgte Gabriela Grillo auf Galapagos. Auch ihren Ritt sah ich nicht. Ich beschäftigte mich ganz mit Ahlerich und brauchte dafür die Zeit. Das Ergebnis von 1 314 Punkten für Galapagos bekam ich natürlich mit und auch die Tatsache, daß Granat immer noch an der Spitze lag.

»Du mußt heute alles riskieren.« Mit dieser Einstellung probierte ich vor dem Einreiten wie am Vortag draußen ein paar energische Verstärkungen. Das Raunen im Publikum kam wieder auf. Diesmal war das Stadion mit 13 000 Zuschauern bis auf den letzten Platz gefüllt. Die Unruhe war größer als am Vortag. Etwas übertrug sich dies auf Ahlerich. Er wirkte noch kraftvoller und majestätischer. Der erste Teil der Aufgabe lief ab wie ein Uhrwerk. Mit so viel Schwung und Ausdruck hatte ich diesen Teil noch niemals zu reiten gewagt. In der Schritt-Tour blieb Ahlerich gelassen und trat weit über. Die Piaffe- und Passage-Tour nach dem versammelten Schritt wurde zu einem weiteren Höhepunkt. Im Galopp konnte eigentlich kaum ein Fehler unterlaufen. Die Traversalen, die Wechsel und die Verstärkungen gelangen mit Ausdruck und Sicherheit. Ein kleiner Schnitzer unterlief bei der Rechtspirouette auf der Mittellinie nach den A-Tempo-Wechseln. Ahlerich geriet einen Augenblick in Spannung und zuckte einmal mit den Hinterbeinen. Der anschließende starke Galopp brachte die Harmonie sofort wieder zurück. Auf der Mittellinie folgte ein sicherer Übergang zum Trab, daraus die Passage und vor der Grußaufstellung die Piaffe. Es wurde ganz still. Ich riskierte in den letzten 20 Sekunden nichts mehr. Dies wäre mir um ein Haar zum Verhängnis geworden; denn Ahlerichs Passage wurde auf einmal matt, und die Schlußpiaffe drohte abzusterben. Ich reagierte sofort und trieb Ahlerich an. Dadurch wurde die Piaffe eilig; aber sie gelang wenigstens und mündete in einer sicheren Schlußaufstellung.

Die Überwindung der letzten Schrecksekunden löste bei mir nach dem Gruß eine solche Freude und Erleichterung aus, daß ich beim Hinausreiten im Glücksgefühl meinen Zylinder zog und mich für den Beifall beim Publikum bedankte. Die Zuschauer feierten Ahlerich bis zum Verlassen des Vierecks mit einem Applaus, wie ich ihn auf Ahlerich noch niemals zuvor erlebt hatte.

War das nun die Entscheidung gewesen? Ich schaute am Ausgang auf unseren Equipechef Anton Fischer und auf Harry Boldt. Beide nickten. Christine Stückelberger saß auf der Pressetribüne und bangte um ihren Erfolg.

Ich ritt durch bis auf den Abreiteplatz, sprang vom Pferd, umarmte Claudia Rosner und bedankte mich bei ihr. Ahlerich hatte ich auf dem Weg bis zum Abreiteplatz immer wieder dankbar an den Hals geklopft.

Die Minuten bis zur Verkündung des Ergebnisses dauerten lange. Dann ertönte ein Aufschrei im Publikum, der in Beifall überging. »1 388, du bist Weltmeister«, rief meine Frau und umarmte mich. Die Spannung löste sich. Ich schüttelte überglücklich viele Hände und erlebte eine Siegerehrung, die in meiner Erinnerung ewig bleiben wird. Nach Mehmed 1974 hatte ich zum zweiten Mal in meiner reiterlichen Laufbahn auf einem von mir selbst ausgebildeten Pferd den Weltmeistertitel in der Dressur errungen.

Abb. 58. Ehrung bei der Warendorfer Hengstparade. Zwei Weltmeister stellte die westfälische Zucht 1982: Ahlerich in der Dressur und Fire unter Norbert Koof im Springen.

Ahlerichs Erfolge 1982

Münster 14.−17. 1.	1. S-Dressur
Bremen 10.−14. 2.	1. Grand Prix 1. Grand Prix Special
Dortmund 17.−21. 3.	1. Grand Prix 1. Grand Prix Special
Wiesbaden 29.−31. 5.	1. S-Dressur 1. Grand Prix 1. Grand Prix Special
Aachen 22.−27. 6.	1. Grand Prix 1. Grand Prix Mannschaft 1. Grand Prix Special
Niederzeuzheim 31. 7.−1. 8.	4. Grand Prix 2. Grand Prix Special
Lausanne 25.−29. 8.	2. Grand Prix 1. Grand Prix Mannschaft 1. Grand Prix Special
Münster 17.−19. 9.	1. Grand Prix 1. Grand Prix Special

Weltmeister Einzel und Mannschaft

Ahlerichs Erfolge 1983

Münster 13.−16. 1.	1. S-Dressur 1. S-Kür
Bremen 9.−13. 2.	2. Grand Prix 1. Grand Prix Special
Dortmund 16.−20. 3.	2. Grand Prix 1. S-Kür 1. Grand Prix Special
Wiesbaden 21.−23. 5.	3. Grand Prix 1. Grand Prix Special

Berlin 10.−12. 6.	3. Grand Prix
	1. Grand Prix Special
Aachen 21.−26. 6.	2. Grand Prix
	1. Grand Prix Mannschaft
	2. Grand Prix Special
Niederzeuzheim 15.−17. 7.	1. Intermédiaire II
	3. Grand Prix
Münster 26.−28. 8.	1. Grand Prix
	1. Grand Prix Special
Berlin 18.−20. 11.	1. Intermédiaire II
	6. Grand Prix
	1. Grand Prix Special

Deutscher Meister
Vizeeuropameister

Ahlerichs Erfolge 1984

Münster 12.−15. 1.	2. Grand Prix
	1. S-Kür
Bremen 8.−12. 2.	1. Grand Prix
	1. Grand Prix Special
Balve 17.−20. 5.	1. Grand Prix
	1. Grand Prix Special
Aachen 19.−24. 6.	1. Grand Prix
	1. Grand Prix Mannschaft
	1. Grand Prix Special
Los Angeles 8.−10. 8.	1. Grand Prix
	1. Grand Prix Mannschaft
	1. Grand Prix Special

Deutscher Meister
Olympiasieger Einzel und Mannschaft

Der Olympiasieg als Krönung

Die Beschreibung des Ausbildungsweges von Ahlerich schließt mit der Weltmeisterschaft in Lausanne 1982 ab. Ich fühle mich aber Ahlerich und seinen Freunden gegenüber verpflichtet, den kurz vor Erscheinen dieses Buches in Los Angeles 1984 errungenen Erfolgen ein Schlußkapitel zu widmen. Die beiden goldenen Medaillen in der Mannschafts- und in der Einzelwertung der Olympischen Dressurwettkämpfe haben die ganze Ausstrahlungskraft dieses Ausnahmepferdes vor Millionen von Fernsehzuschauern erneut offenbart. Alles, was sich ein Reiter von seinem Pferdekameraden in solch einem Wettkampf nur wünschen kann, ging in Erfüllung. Den Dank dafür kann ich mit Worten kaum wiedergeben.

Nach dem Gewinn der Weltmeisterschaft 1982 folgte 1983 im Leben von Ahlerich ein Jahr mit wechselnden Erfolgen. Der berufliche Alltag ließ mir wenig Zeit zum Reiten, und diese wenige Zeit verwendete ich in erster Linie auf Pascal und die übrigen Nachwuchspferde unseres Stalles. Ahlerich wurde gehegt und geschont. Er sollte sein Leben als Weltmeister genießen. Das tat er auch, und so blieb es nicht aus, daß er auf manchen Turnieren unter Form ging. Leider passierte dies auch bei der Europameisterschaft der Dressurreiter in Aachen 1983. Ahlerich strotzte vor Kraft und interessierte sich mehr für die Umwelt als für seinen Reiter. Er wurde von Anne Grethe Jensen (Dänemark) auf Marzog überlegen besiegt.

Diese Niederlage rüttelte mich auf. Es war ähnlich wie nach der verpatzten EM 1981 in Laxenburg, die mich konsequent auf die WM in Lausanne 1982 zusteuern ließ. Nur war die Ausgangsposition diesmal weitaus ungünstiger. Anne Grethe Jensen leitete auf Marzog in Aachen 1983 eine neue Aera ein, in der zu Recht eine Rückbesinnung auf die Eleganz des Erscheinungsbildes, die Losgelassenheit, Anmut und Leichtigkeit erfolgte. All das verkörperte Anne Grethe Jensen auf Marzog in hohem Maße. Wer sie besiegen wollte, mußte sich daran messen und hatte nur dann eine Chance, wenn es ihm gelang, zusätzlich durch den Ausdruck eines ehrlich durchgerittenen Pferdes zu überzeugen.

Unmittelbar nach Aachen 1983 setzte ich auf Ahlerich die tägliche Arbeit mit dieser Marschroute fort. Das Ergebnis ist bekannt. Um es erreichen zu können, genügt Reiten allein nicht. Man braucht dazu ein so geniales Pferd wie Ahlerich. Bei den Olympiavorbereitungsprüfungen im Mai 1984 in Balve und im Juni 1984 in Aachen deutete sich an, daß Ahlerich dem Höhepunkt seines Leistungsvermögens zustrebte. Ich nahm mir vor, ihn dort in erster Linie losgelassen, leicht und absolut sicher vorzustellen, um den Eindruck eines unzuverlässigen Kandidaten aus dem Vorjahr vergessen zu machen. Die Siege in den 4 Grand Prix-Prüfungen in Balve und Aachen brachten Ahlerich in Abwesenheit von Marzog in eine Favoritenposition für Los Angeles. Das war ein psychologischer Vorteil. Er brachte mir nicht nur die Sicherheit zurück, sondern zusätzlich den Mut zum Risiko. Ich nahm mir vor, in Los Angeles vor den Augen der Welt einen Ahlerich vorzustellen, der durch Ausdruck und Schwung die Entscheidung zu seinen Gunsten herbeiführen sollte.

Wer die Dressurwettkämpfe bei den Olympischen Spielen im Santa Anita Park von Los Angeles miterleben durfte, wird bestätigen, daß Ahlerich dort eine Ausstrahlung zeigte, wie man sie nur ganz selten zu sehen bekommt. Ahlerich war in bester körperlicher Verfassung, was er durch den majestätischen Ausdruck seines Gesichts und die Art und Weise, wie er sich bewegte, jeden wissen ließ. So bekam er bereits auf dem Abreiteplatz in den letzten Tagen vor

Abb. 59. Im starken Galopp mit gespitzten Ohren galoppiert Ahlerich dem Sieg entgegen.

der Prüfung immer wieder Beifall von den Zuschauern auf offener Szene, den er mit Gelassenheit trug.

Meine Erfahrungen aus der Militaryzeit halfen mir, das für alle Beteiligten schwierige Problem der Einstellung auf die für uns Europäer große Hitze einigermaßen zu lösen. Etwa eine Woche lang nahm ich Ahlerich täglich zweimal heraus. Frühmorgens, wenn es noch verhältnismäßig kühl war, ritt ich ihn spazieren, um die Kondition zu erhöhen. Spätnachmittags folgte die Dressurarbeit auf verschiedenen Dressurplätzen. In der zweiten Woche, als Ahlerich alle Plätze kennengelernt hatte, verlegten wir die Arbeitszeit mehr und mehr in den Frühnachmittag, an dem auch die Prüfungen stattfinden sollten. In kurzen Arbeitsreprisen und langen Pausen mit Schrittreiten gewöhnten wir uns langsam an die Hitze. Ganz wurden wir damit in den zwei Wochen bis zum Start nicht fertig, es herrschten immerhin Wettkampftemperaturen bis zu 40° Celsius. Ahlerich kam neben der guten körperlichen Verfassung der väterliche Vollblutanteil seiner Abstammung zugute. Am Tage der Mannschaftsdressur ging er in Schwung und Ausdruck einen Grand Prix de Dressage, den viele Fachleute als den besten Grand Prix seiner Laufbahn bezeichnet haben. Das Ergebnis von 1797 Punkten und die Platzziffer 1 bei allen 5 Richtern unterstreichen dies.

Im Grand Prix Special am zweiten Tag machte Ahlerich die Hitze mehr zu schaffen. Die Kraft ließ nach. Ich mußte ihn mehr auffordern. Ahlerich nahm dies an, mobilisierte seine Fähigkeiten und machte mit. Man kann zwar mit Pferden nicht sprechen, aber ich bilde mir ein: an diesem Tage wußte Ahlerich, worum es ging. Er wuchs über sich selbst hinaus. Als das Ergebnis von 1504 Punkten mit wiederum der Platzziffer 1 bei allen 5 Richtern verkündet wurde, konnte ich Ahlerich nur dankbar den Hals klopfen und seine Pflegerin Claudia Rosner umarmen. Es waren die schönsten Augenblicke meines Lebens. Eine so innige Verbundenheit zwischen Reiter und Pferd wie an diesem Tage habe ich selten verspürt, vielleicht noch 1960 in Rom auf meiner Winzerin in der Querfeldeinstrecke der Olympischen Military oder 1974 in Kopenhagen beim Gewinn der Weltmeisterschaft auf Mehmed.

Ahlerich wird jetzt zu Hause weiter verwöhnt und erhält eine längere Wettkampfpause. Mit 13 Jahren ist es für einen Rücktritt von der Bühne des großen Sports noch zu früh. Und wenn er in nächster Zeit wieder einmal etwas übermütig in den Sport zurückkehren sollte, werde ich ihm deshalb nicht böse sein. Ahlerich gehört wie Mehmed zu unserer Familie. Ich schulde ihm Dank, für den Worte nicht ausreichen.

Games of the XXIIIrd Olympiad Los Angeles 1984

Results

Jeux de la XXIIIe Olympiade Los Angeles 1984

Resultats

EQ-00033

SANTA ANITA PARK
EQUESTRIAN SPORTS
SPORTS EQUESTRES

AUG. 10 AOUT   14:00   RESULTS / RESULTATS
INDIVIDUAL DRESSAGE COMPETITION
DRESSAGE - COMPETITION INDIVIDUELLE
(10/17:16)

COMP NO	CTRY	ATH NO	NAME	HORSE CHEVAL	-E-	-H-	-C-	-M-	-B-	TOTAL	RANK
115	FRG	75	KLIMKE,DR. REINER	AHLERICH	304	316	288	303	293	1504	1
090	DEN	49	JENSEN,ANNE GRETHE	MARZOG	289	300	279	288	286	1442	2
351	SUI	163	HOFER,OTTO J.	LIMANDUS	281	264	273	272	274	1364	3
330	SWE	170	BYLUND,INGAMAY	ALEKS	273	264	271	263	261	1332	4
118	FRG	77	KRUG,HERBERT	MUSCADEUR	272	262	262	270	257	1323	5
117	FRG	81	SAUER,UWE	MONTEVIDEO	272	249	243	261	254	1279	6
175	GBR	87	BARTLE,CHRISTOPHER	WILY TROUT	260	257	250	250	262	1279	6
180	HOL	105	SANDERS-KEYZER,ANNEMARIE	AMON	250	262	256	249	254	1271	8
354	SUI	168	STUECKELBERGER,CHRISTINE	TANSANIT	252	244	252	257	252	1257	9
065	CAN	30	BOYLEN,CHRISTILOT	ANKLANG	248	243	244	254	248	1237	10
030	AUT	16	MAX-THEURER,ELISABETH	ACAPULCO	239	247	240	242	246	1214	11
337	SWE	172	HAKANSON,ULLA	FLAMINGO	226	246	245	236	244	1197	12

Richter bei E: Schütte H: Hall C: Niggli M: Kondratieva B: Thackeray